DIÁRIO de CLASSE

A VERDADE

ISADORA FABER

DIÁRIO de CLASSE

· A VERDADE ·

A história da menina que está ajudando a mudar a educação no Brasil

GUTENBERG

GERENTE EDITORIAL
Alessandra J. Gelman Ruiz

EDITOR ASSISTENTE
Denis Araki

ASSISTENTES EDITORIAIS
Carol Christo
Felipe Castilho

REVISÃO
Cecília Martins
Eduardo Soares

CAPA
Diogo Droschi

DIAGRAMAÇÃO
Christiane Morais
Christiane Costa

Dados Internacionais de Catalogação na Publicação (CIP)
Câmara Brasileira do Livro, SP, Brasil

Faber, Isadora

Diário de classe – A verdade : a história da menina que está ajudando a mudar a educação no Brasil / Isadora Faber. -- Belo Horizonte : Editora Gutenberg, 2014.

ISBN 978-85-8235-105-5

1. Adolescentes (Meninas) - Biografia 2. Cotidiano escolar 3. Educação - Brasil 4. Escolas públicas - Brasil 5. Faber, Isadora 6. Facebook (Redes sociais online) 7. Qualidade do ensino I. Título.

14-02996 CDD-920.72

Índices para catálogo sistemático:
1. Faber, Isadora : Biografia 920.72

A **GUTENBERG** É UMA EDITORA DO **GRUPO AUTÊNTICA**

São Paulo
Av. Paulista, 2.073, Conjunto Nacional,
Horsa I, 23° andar, Conj. 2301
Cerqueira César . 01311-940
São Paulo . SP
Tel.: (55 11) 3034 4468

Belo Horizonte
Rua Aimorés, 981, 8° andar
Funcionários . 30140-071
Belo Horizonte . MG
Tel.: (55 31) 3214 5700

Televendas: 0800 283 13 22
www.editoragutenberg.com.br

Acreditamos no sonho e construímos a realidade.

Roberto Marinho

A toda minha família, em especial à minha avó Rosa Maria, que sempre foi muito importante e presente na minha vida, por todas as coisas boas que ela já me fez quando tinha condições.

Agradecimentos

Aqui quero deixar o meu muito obrigada mesmo, de coraçao, a todos aqueles que me apoiaram, me ajudaram, me incentivaram e, principalmente, àqueles que sempre estiveram ao meu lado durante toda essa jornada do Diário de Classe.

Quero agradecer especialmente à minha família. Ao meu pai, Christian Faber, e à minha mãe, Diamela L. Faber, que me fortaleceram sempre que precisei e que nunca deixaram que eu me sentisse insegura. Às minhas irmãs, Ingrid Faber e Eduarda Faber, que me ajudaram nos vídeos, nas ideias e nas postagens. À minha prima Luana P. Faber, que me acompanhou em algumas viagens. Ao meu tio Ejnar Faber, que me ajuda muito com a ONG Isadora Faber. À minha tia Elizabeth P. Faber, que sempre me apoiou muito. E ao meu cunhado Adriano C. Vieira, que é um dos fundadores da ONG.

Agradeço aqui também às pessoas que não são da minha família mas são tão especiais quanto: à Joice da Rosa, que também é fundadora da ONG, e ao Ricardo Silveira, que foram os únicos pais da escola que me deram total apoio e fizeram parte de vários acontecimentos importantes do Diário de Classe. Ao Pedro de Queiroz, um dos fundadores da ONG, que é o advogado do Diário e que nos ajudou muito.

Por último, quero agradecer aos curtidores do Diário de Classe e dizer que vocês todos, família, amigos e curtidores, são muito especiais para mim.

Obrigada!

Sobre a escrita deste livro

Para este livro, foram copiados vários posts do Diário de Classe, que ajudam a contar a minha história. Dos primeiros até os últimos, eu melhorei muito minha escrita, como você vai ver. De uma época em diante, meus pais e minhas irmãs começaram a me ajudar a revisar os posts, e eu também me acostumei a jogar o texto no Word antes de publicar no Facebook, para conferir ortografia e gramática. Mas eu e a editora resolvemos deixar os posts aqui no livro do jeito que eu escrevi na época, então, você vai perceber, existem erros.

Quero dizer também que, para escrever este livro, tive muita ajuda da minha família e do pessoal da minha editora, que me orientou muito desde o começo, com roteiro, sugestões, melhoras, com os links para as reportagens e, depois, com a revisão de todo o texto. Espero que você goste do resultado.

Sumário

Prefácio

"Não ouvis então... Como direi... Um vento de revolução que paira no ar? Não se sabe onde ele nasce, de onde vem, nem o que carrega..." Foi assim que Tocqueville profetizou a Primavera dos Povos, em 1848. Da mesma maneira, uma nuvem estranha paira sobre o Brasil. Possui trovões de pessimismo, garoas de euforia e fortes ventos que anunciam que algo está errado. Cruzando este país, escutei do alto escalão do governo que "o problema é que em muitas cidades brasileiras o prefeito é corrupto e o secretário de Educação é analfabeto funcional".

O Diário de Classe grita a todos: o muro ficou muito alto para você ficar em cima dele. O que está em suas mãos não é um livro. É um manifesto para mudar a educação do Brasil. É uma nova forma de fazer política no século XXI.

Delicada nos atos e gigantesca nas atitudes, Isadora Faber nos guia em uma primavera silenciosa com o mantra "Quero o melhor não só para mim, mas para todos". Ela nos lembra o quadro *A Liberdade guiando o povo*, de Delacroix, no qual uma mulher representa todos os anseios daquela época, segurando uma bandeira que tremula ao vento forte da mudança.

Ela foi acusada, acuada, humilhada e desestimulada. Disseram que a internet não faria uma revolução e que o webativismo de sofá era uma perda de tempo. Ela insistiu e lutou muito contra pessoas que "fazem que dão aula" e "fazem que ensinam". Rasgou o véu da hipocrisia, que transforma alunos em números e pessoas em objetos. Denunciou as mazelas, os desvios e a corrupção que jogam a nossa educação nos piores índices globais. Confrontou dois Brasis: de um lado, um país que insiste em não ter um grande projeto de nação, um país com os vícios das capitanias hereditárias e de sua Geração Nem-Nem, com milhões de jovens que largam a escola e "nem trabalham, nem estudam, nem procuram emprego", e que sobrevivem em uma economia do consumo baseada no C, de Cerveja, Commodities, Console de games, Celular e Crédito.

Mas temos boas notícias. Do outro lado, há Isadora e seus milhares de amigos virtuais no Diário de Classe, que são a outra face do C, de Compartilhar, Colaborar e Conectar-se com o desejo que estampou milhares de cartazes nas ruas do Brasil: "Eu quero ser o país da educação, não só do futebol" e "+ livros e - bombas". Ela nos mostra que é possível construir uma educação com as novas fronteiras do pensamento coletivo, da sociedade do conhecimento, da atitude empreendedora e da escola evolucionista. Um Brasil da inovação e da ética coletiva.

Este livro não é sobre o passado. É sobre o futuro. É sobre uma crise de civilização, na qual se chocam dois mundos: de um lado, o que é compartimentado e enfileirado, com espaços concretos e aulas cronometradas, e do outro, o mundo do conhecimento em rede, no qual a inteligência é dramaticamente ampliada, porque lá aprendemos humildemente que nenhum de nós é tão inteligente quanto todos nós juntos e que para cada brasileiro que ainda vive na época das capitanias hereditárias, há vários outros nos ensinando sobre coexistir e cocriar.

A educação nos livra dos grilhões e nos ensina a não amarrar pessoas em postes. O Diário de Classe nos enche de esperança e martela em nossa mente que a educação é o caminho mais sustentável para transformar nossa nação. Ao ler este livro, feche os olhos de vez em quando e sinta o vento da (r)evolução. Junte-se à Isadora e ao convite de Rubem Alves, em *Concerto para corpos e alma*: "Quero companheiros na tarefa de plantar árvores e construir balanços".

Gil Giardelli
Professor de pós-graduação do Centro de Inovação e Criatividade (CIC) da Escola Superior de Propaganda e Marketing (ESPM), do Laboratório de Finanças (LABFIN) e do Programa de Administração de Varejo (PROVAR) da Fundação Instituto de Administração (FIA), além de palestrante, escritor, colunista da revista *Você S/A*, estudioso da cultura digital e CEO da Gaia Creative, empresa de inteligência em mídias sociais e inovação
www.gilgiardelli.com.br

Introdução

Quantas vezes você já viu um absurdo acontecendo, ficou indignado, mas não fez nada? Pode ter sido por medo, por vergonha, por não saber o que fazer, por não saber que podia fazer alguma coisa a respeito daquilo, ou porque não queria se incomodar com problemas, ou até por outro motivo qualquer. Mas aposto que você chegou em casa, ficou pensando naquilo e teve uma vontade enorme de voltar no tempo e fazer alguma coisa para impedir que aquele absurdo continuasse. Já aconteceu com você?

Pois é, comigo já. E foi por isso que eu comecei o Diário de Classe, uma fanpage criada no Facebook, a maior rede social do mundo, para mostrar os absurdos que aconteciam na minha escola. Eu não tinha nenhuma ideia do tamanho que ela ia ficar, nem de quantas pessoas iam curtir – achei que seriam no máximo umas 100 –, mas ela cresceu, chamou a atenção de muita gente, trouxe muitos apoiadores, assim como muitas pessoas que criticaram. Eu sofri agressões, represálias, ameaças de morte, calúnias, processos, perseguições, mas consegui muitos resultados e vivi muitas experiências boas – e outras não tão boas... Enfim, aprendi muito, muito mesmo. Mas eu só comecei porque queria fazer alguma coisa. Não queria de novo voltar pra casa e saber que absurdos aconteciam e eu não fazia nada.

Essa história toda eu vou contar neste livro. Aqui você vai saber com detalhes como tudo aconteceu, como 20 seguidores da página se transformaram em mais de 600 mil, como foi a reação na escola, quais foram as dificuldades e como isso chamou a atenção das autoridades, da mídia nacional e também da estrangeira. Você entenderá por que as pessoas da minha escola ficaram contra mim, mas milhares de desconhecidos ficaram a meu favor. Vai ver por que algumas mudanças aconteceram, mas outras não. E acho que vai conseguir entender um pouco sobre como funciona a educação pública no Brasil, porque é só pensar no que aconteceu na minha escola e multiplicar pelo número de escolas públicas do país (e acrescentar algumas coisas...).

Nesse tempo todo do Diário de Classe, minha vida mudou muito, como você já pode adivinhar, pois, de estudante do ensino fundamental de 13 anos, me tornei palestrante de diversos temas, ganhei prêmios, fiquei conhecida e hoje tenho uma ONG que leva meu nome, que criei para continuar o trabalho do Diário de Classe não só para mim, mas para todas as escolas do Brasil.

Mas a coisa mais importante que eu vi depois de tudo o que passei é que o problema da educação no Brasil é algo muito sério. E as pessoas já estão cansadas de ver as autoridades brincando com os assuntos sérios. Se o Brasil não tiver uma boa educação, não vai haver pessoas preparadas para resolver todos os outros problemas sérios do país. Se a gente não tiver educação boa, não vai conhecer nossos direitos e nossos deveres, e vai continuar deixando acontecer absurdos, que começam sempre com a ignorância.

Talvez nem todas as pessoas pensem assim, mas grande parte da sociedade deve pensar, acredito eu. Só que não adianta só ficar pensando e, cansado de assistir aos problemas se repetindo, dizer que a culpa é dos políticos. A gente precisa fazer alguma coisa. Ser cidadão não é apenas morar em uma cidade e aceitar as coisas ruins sem reclamar, se acomodando e se conformando. A gente pode – e deve – cobrar de quem está no comando.

Talvez uma pessoa sozinha não consiga fazer nada, mas eu tenho certeza de que já somos muitos neste país que querem melhorar a educação. Para mim isso é possível, e, se você está lendo isto, tomara que também ache possível, porque, quanto mais pessoas fizerem alguma coisa, mais rápido a gente muda a situação. A gente sentiu isso quando se juntou nas manifestações nas ruas do Brasil. Você não gostou de ver a força de todos juntos? Eu gostei.

Com o Diário de Classe e com todo o apoio que recebo, não tenho mais vergonha nem medo de ver absurdos e não fazer nada. Eu vou, fotografo e divulgo. E eu não preciso de nada além de um celular e de um computador com acesso à internet. Claro, a gente precisa de coragem para vencer as dificuldades, pois elas existem, mas, se formos muitos, um apoia o outro. Não é simples? Então por que você não faz alguma coisa também? É tão boa a sensação de força, e os resultados são tão bons e positivos! Por que a gente não se junta para mudar a educação deste país?

CAPÍTULO 1

Eu, Isadora

Eu sou a Isadora Faber e atualmente tenho 14 anos. A história que vou contar aqui, sobre o Diário de Classe, começou quando eu tinha 13 anos. Na verdade, acho que começou mesmo bem antes, no dia em que eu nasci, porque minha família e a educação que eu recebi foram muito importantes para tudo o que aconteceu. Vou iniciar falando um pouco sobre mim, sobre a minha família e o lugar em que eu vivo, porque acho que isso vai ajudar a entender melhor o que aconteceu depois, nesses quase dois anos, desde que tudo começou.

Minha família

Eu nasci em 16 de junho de 1999, em Florianópolis, cidade em que eu moro até hoje. Sou a única da família que é de Santa Catarina, porque todos os outros são gaúchos, de Pelotas. Meus pais se mudaram para Florianópolis em 1997, com minhas irmãs pequenas, quando receberam uma oferta de emprego para trabalhar em uma imobiliária, com aluguel por temporada. Como meu pai sempre quis morar em cidade com praia, e eles achavam que era uma cidade maravilhosa para se viver, vieram. E eu concordo, pois amo este lugar. Tenho muito orgulho de ter nascido nesta cidade, de ser uma "Manezinha da Ilha", como são chamados os nativos de Floripa, que falam rápido e cantado. Meu pai brinca e diz que até hoje não entende direito o que os Manezinhos falam.

O nome dele é Christian Faber, e ele é Engenheiro Agrônomo formado pela Universidade Federal de Pelotas. Minha mãe chama-se Diamela Leal Faber, ou Mel, como é mais conhecida, e cursou Administração de Empresas na Universidade Católica de Pelotas. Atualmente, os dois têm uma produtora de vídeos aqui em Florianópolis. Minha irmã mais velha chama-se Ingrid, hoje tem 25 anos e se formou em Engenharia de Computação na Universidade Federal do Rio Grande (FURG), que fica a 60 quilômetros de Pelotas. Minha outra irmã é a Eduarda, ou Duda, como a chamavam desde pequena na escola. Tem 17 anos e entrou agora na faculdade pública, aprovada em Engenharia Mecatrônica pelo Instituto Federal de Santa Catarina. Ficamos muito orgulhosos por isso.

Em casa moramos eu, meus pais, a Duda e mais a minha avó, Rosa Maria Leal, além de meus cachorros. Até 2009, minha irmã Ingrid morava com a vó Rosa em Pelotas, por causa da faculdade, e só vinha nas férias para nos visitar. Mas, de repente, minha avó começou a ficar meio doente, caía muito, não conseguia andar direito. E, como ela ficava muito tempo em casa e às vezes sozinha, isso estava deixando minha mãe e minha irmã muito preocupadas. Minha mãe telefonava muito para falar com as duas.

Até que, um dia, o médico falou que ela tinha uma doença degenerativa que não tinha cura e que dali pra frente só iria piorar. E foi isso mesmo o que aconteceu: minha avó foi ficando cada dia pior. Como minha irmã estava sem condições de cuidar sozinha dela, minha mãe foi buscá-la, pois a doença estava ficando grave muito rapidamente. Quando minha avó chegou em Florianópolis, ainda falava e andava um pouco, mas infelizmente em quatro meses ela já estava dependendo de cadeira de rodas e fraldas, e logo não falava mais.

Isso prendeu muito minha mãe em casa, e ficou difícil para ela trabalhar, já que precisa cuidar da minha avó, pois não temos condições de pagar uma pessoa para isso. Hoje ela é totalmente dependente, e todos nós ajudamos a cuidar dela. Quando chego em casa da escola, eu almoço e dou comida na boca da minha avó. Quando minha mãe tem que sair, eu fico com ela, dou café e, se demorar muito, também dou janta. Como a Duda chega mais tarde em casa, já que estuda no centro, a 35 quilômetros daqui, faz a função de dar a janta e de ajudar a deitar a avó. A vozinha dá bastante trabalho, mas aprendemos muito bem a cuidar dela e a conviver com ela. Ninguém sabe o dia de amanhã, se não seremos nós que vamos precisar de ajuda. Respeito com os mais velhos é uma coisa que aprendemos desde cedo aqui em casa.

Quando a Ingrid se formou, ela voltou a morar em Florianópolis, mas não mais com a gente, e sim com o namorado, o Adriano.

Minha casa

Minha casa fica na praia do Santinho, no norte da ilha, ao lado da praia dos Ingleses. É a praia mais preservada da região norte de Florianópolis e tem uma faixa de areia bem grande, dunas, trilhas, inscrições rupestres e outras coisas. É um lugar bem simples mas muito bonito. Até pouco tempo, era basicamente uma praia de pescadores artesanais. Na safra da tainha, aqui tem peixe por todos os lados, e é normal ver pessoas carregando os peixes pelas calçadas. O pessoal nativo come peixe de todas as maneiras, inclusive com pão. Tenho que confessar que não gosto muito, sou mais chegada em um bom churrasco, que minha família tem o hábito de fazer nos finais de semana.

Quando meus pais mudaram para a ilha, foram morar em Canasvieiras, e em 2004 viemos morar no Santinho, mas em outra casa. Em 2008, nossa família conseguiu construir a casa própria em que moramos hoje. Meu pai já estava querendo isso fazia muitos anos. O terreno era bem-localizado e a casa era no mesmo bairro em que já estávamos, e eu e minha irmã poderíamos continuar na mesma escola. Era em uma rua cheia de crianças da escola, minha mãe já não precisava se preocupar muito, pois era pouco movimentada e eles já conheciam os vizinhos. E foi sempre muito bom morar aqui. Quando eu era pequena, todos os dias depois da escola as crianças da vizinhança iam brincar na rua de esconde-esconde, pega-pega, stop com bola e várias outras coisas, e duas vezes por semana fazíamos capoeira juntos.

Aqui no Santinho ainda tem o hotel Costão do Santinho, premiado como o melhor resort de praia do Brasil. É um contraste com o bairro, porque é muito grande e chique, muito caro, muito famoso, e é o que faz a nossa praia ficar conhecida e frequentada por celebridades que várias vezes ficam hospedadas no hotel.

Eu e minhas amigas, às vezes, íamos passear na praia e entrávamos no hotel para tomar banho de piscina. Passávamos por hóspedes e ninguém desconfiava de nada, era bem legal. Sempre tinha pessoas famosas que nós podíamos ficar olhando, artistas, músicos de bandas, essa gente. Só que, uma vez, um funcionário desconfiou e perguntou em que quarto nós estávamos. Ficamos assustadas e dissemos que estávamos no quarto "tal" e, quando ele foi verificar, saímos correndo e não voltamos mais. Rimos muito aquele dia, mas foi a última "visita" que fizemos ao resort.

De uns anos pra cá, muitos prédios estão sendo construídos e está aumentando muito o número de moradores da praia. Nos finais do ano e nos carnavais, fica muita gente por aqui, o que dificulta o deslocamento. Nessas épocas, meu pai nem consegue sair de casa de carro em determinados horários, pois fica tudo travado, já que só tem uma saída para todos. Florianópolis tem 42 praias, é considerada uma cidade turística. Na alta temporada, tudo fica lotado. Aí não dá nem para levar os cachorros para passear na praia, os turistas ficam reclamando. Mas, no resto do ano, é possível.

Meus cachorros

Na minha casa temos dois cachorros, um poodle mini branco chamado Ziggy e um vira-lata chamado Difé, que é "de fé" mesmo, porque ele já salvou minha vida várias vezes e está sempre ao meu lado. Minha irmã Ingrid e o namorado Adriano têm mais duas cadelas, uma golden retriever dourada chamada Lara e uma vira-lata pretinha chamada Cacau.

Acho que deu para perceber que minha família adora cachorros. Eu costumo passear com eles nas dunas aqui do Santinho quando meus amigos estão comigo, porque sozinha não consigo dar conta de tantos cachorros. Hoje, o Difé está velhinho, tem uns 14 anos e está bem devagar, mas, quando era mais novo, adorava nadar e fazer cachorrices na praia. Ele sempre foi muito protetor, nunca deixou ninguém mexer comigo e com minhas irmãs. Isso até nos criou alguns problemas, porque ele já mordeu muita gente que se aproximava de nós. Às vezes, tínhamos que sair correndo porque o Difé tinha passado os dentes em alguém. Era ruim quando os "mordidos" nos seguiam e descobriam onde morávamos e iam fazer queixa para nossos pais. Aí a coisa complicava. Mas era bom se sentir protegida.

Um dia, em 2011, quando eu tinha 12 anos e estava na 6ª série, cheguei da aula e fui ao mercado a pedido da minha mãe. Existiam dois pitbulls na nossa vizinhança que às vezes andavam soltos, e perto da minha casa tem um atalho pra rua principal, onde fica o mercado. Quando eu já estava voltando, passando por esse atalho, os cachorros me cercaram e eu fiquei paralisada. Um deles já estava com os dentes de fora, todo arrepiado, olhando para mim. Meu pai percebeu que eu estava demorando muito para chegar e abriu o portão, e o Difé, bem lá de longe, viu o que estava acontecendo e correu na minha direção, se atirando em cima de um dos pitbulls. O outro cão se distraiu e deu espaço para eu fugir. Os três cachorros começaram a brigar muito, os vizinhos se aproximaram, e todo mundo tentava fazer o pitbull soltar o Difé. No final, o Difé teve de fazer uma cirurgia, pois tinha quebrado o maxilar. O veterinário pegou o dente canino dele e deu de presente para minha mãe, dizendo para guardarmos de recordação, pois naquele dia ele havia sido um herói de verdade. Depois disso, ele meio que se aposentou, mas segue com a fama de superprotetor, como sempre.

Em 2012, no dia 14 de junho, dois dias antes do meu aniversário, minha irmã Ingrid chegou na minha casa e falou para eu pegar um presente na bolsa dela, em uma caixa. Quando eu abri, tinha um cachorrinho branco bem pequeno, que nem se mexia. Eu fiquei olhando, até que ele começou a andar, e só aí percebi que era de verdade. Eu adorei, pois sempre falei que queria um filhotinho, já que nunca havia tido um. O cãozinho tinha 30 dias e deu bastante trabalho no começo, com vacinas, ração de desmame, leite... O mais difícil era cuidar para não pisarem nele, porque era muito pequeno e mal sabia andar. Três dias depois, consegui escolher o nome dele: era o Ziggy.

Antes do Ziggy e do Difé, tivemos outro cachorro, um basset chamado Kodah. Ele era terrível, mordia todo mundo. Uma vez, ele fugiu e, de repente, ouvimos uma gritaria de uma vizinha da casa de trás, a dona Lindalva, de uma família nativa de pescadores. Ela estava colocando o almoço na mesa, era uma bela tainha assada, quando o Kodah invadiu a casa e roubou o peixe! Ele saiu correndo com a tainha na boca e a dona Lindalva saiu correndo atrás. Foi uma baita confusão... huehue! Em uma outra vez, ele invadiu a padaria e pegou pão direto do forno e foi comer em frente. Depois, entrou na cabeleireira que ficava ao lado e começou a beber água dos baldes das mulheres que estavam fazendo os pés. E invadia o mercado e roubava o que estava ao seu alcance. Quando tentavam colocá-lo para fora, ele latia forte, querendo espantar as pessoas, e todos ficavam com medo. Ele era baixinho e comprido, mas tinha uma baita boca. E aprontou tanto que meus pais acabaram dando ele para um amigo. A vizinhança agradeceu, huehue!

Ziggy, eu e Difé
Foto: Fernanda Burigo/G1

CAPÍTULO 2

Na escola

Quando eu tinha 4 anos, fui para a pré-escola pública no NEI da praia do Santinho, o Núcleo de Educação da Infância Luiz Paulo da Silva. Era perto da minha casa, e a Duda sempre ia me buscar depois das aulas dela, acompanhada do Difé. Vou contar um segredo: às vezes ela esquecia de me buscar, chegava em casa, se dava conta de que eu não estava lá e tinha que voltar correndo para me pegar.

Depois, na 1ª série, com 7 anos, fui para a Escola Básica Municipal Maria Tomázia Coelho, também pública e no meu próprio bairro, onde cursei o ensino fundamental todo e onde se passa o que eu vou contar aqui. Era uma escola pública aparentemente boa, que existia havia apenas dois anos. A Duda já estudava lá, e aí íamos e voltávamos juntas. Isso até eu ter idade suficiente para voltar para casa sozinha.

Eu sempre fui muito tímida, muito quieta, e era assim na escola também. Eu quase não conversava e prestava muita atenção à aula, até porque eu sempre gostei de aprender, mas a timidez sempre me deixou mais "para dentro". Minha mãe diz que, apesar disso, desde pequena eu sempre fui muito questionadora, muito crítica, sempre queria saber os motivos das coisas, e que era difícil discutir comigo ou me deixar sem explicação. Acho que ela tem razão, sou assim mesmo.

Na escola tudo foi muito normal e tranquilo até 2010, quando eu cheguei à 5ª série e a Duda à 8ª. Ela não gostava de estudar naquela escola, estava escolhendo as pessoas erradas para ser suas amigas, estava muito complicado. Então, meus pais conseguiram uma bolsa de estudos em uma ótima escola particular e minha irmã foi pra lá. Eu continuei na mesma escola e até fiquei meio chateada, pois também queria mudar, tinha achado legal aquilo de ir para um lugar novo. Mas meus pais disseram que, quando chegasse o momento, eu também iria mudar de escola. Tudo bem então.

A nova escola da minha irmã

Na 8ª série da escola nova, minha irmã fez amigas novas, estava gostando de tudo, estava tudo certo. Porém, um dia, bem no começo das aulas, a Duda chegou em casa depois da escola, sentou-se na mesa e começou a chorar. Minha mãe ficou preocupada, pensou que ela estava sendo excluída ou que talvez estivesse sofrendo bullying. Mas não era nada daquilo. A Duda contou que, na aula de inglês, o professor tinha entrado na sala de aula falando só em inglês e saiu falando só em inglês. E que ela não tinha entendido nada. E que o professor de matemática tinha passado onze páginas de lição de casa para o dia seguinte de uma matéria que ela não tinha tido. Ela estava desesperada, porque não estava acostumada.

Eu não dei muita bola para o fato. Pensei que fosse daquela maneira só porque ela já estava na 8ª série, e que aquilo era normal naquele nível escolar. Mas eu sabia que as aulas de inglês eram muito fracas na minha escola. O professor era muito ruim, às vezes até chegava na sala de aula cheirando a bebida, e uma vez ele chegou a tirar os sapatos e começou a cortar as unhas dos pés em cima da mesa da sala de aula.

Naquela época, eu ainda tinha um pensamento medíocre, mas infelizmente comum: achava que, como a escola era de graça, nós não podíamos e nem tínhamos o direito de reclamar. Tínhamos que nos conformar e aceitar. Eu não sabia e nem entendia nada sobre impostos, sobre quem pagava o ensino público. E eu procurava não prestar muita atenção no que estava ruim e errado, e ia levando. E assim foi o resto do ano.

No ano seguinte, 2011, comecei a 6ª série, e a Duda foi para o 1º ano do ensino médio. Para mim, aquele ano até que passou bem rápido, mas aconteceu um fato realmente marcante, que fez meu pensamento começar a se modificar. A Duda teve que mudar de prédio, porque o ensino médio era em outro lugar. E eu fui junto com ela e meus pais para conhecer a "nova escola". Percebi logo de cara que o pátio de lá era muito pequeno, e que o da minha escola era bem maior. Mas também vi outras coisas que chamaram a minha atenção.

Vi que a escola dela estava toda muito bem cuidada. Tinha ar-condicionado em todas as salas, os banheiros tinham portas, as portas tinham maçanetas, as paredes eram pintadas, tinha câmeras de vigilância espalhadas, tinha quadra para educação física, os vidros das janelas estavam inteiros, havia catracas na entrada, todo mundo era obrigado a usar o uniforme, não tinha fios elétricos soltos...

Eu fiquei impressionada. Aquela escola era o paraíso perto da minha! Tudo bem que quando estudava na minha escola a Duda só tirava 9 e 10, e quando mudou para o colégio particular passou a ter muitas dificuldades, principalmente com inglês, matemática e português. Mas nada tinha comparação, e eu fiquei com aquilo na cabeça por um bom tempo.

A 7ª série

Em 2012, comecei a 7ª série estudando com a mesma turma que eu tinha desde o começo. Chegando na escola, eu passei a observar aquilo que eu via sempre: a escola estava toda riscada, os ventiladores estavam quebrados, não tinha muitas das maçanetas nas portas, os bebedouros não funcionavam, muitas das pias dos banheiros estavam quebradas, os espelhos rachados, existiam fios soltos em muitos lugares...

Mas, assim como para todo mundo, para mim aquilo já era normal. A escola já estava havia muito tempo sem reforma, as coisas estavam se destruindo, se deteriorando. Mas eu ainda apenas observava.

Quanto ao ensino, nós ainda tínhamos o mesmo professor de inglês que cortava as unhas na sala e ia trabalhar bêbado. Mas, de repente, ele passou a faltar muito, e no meio do ano descobrimos que ele havia morrido de câncer! Então, ficamos sem professor de inglês. Além disso, estávamos com um professor de matemática muito ruim, que não tinha a menor preocupação em dar aula direito. Ele simplesmente se sentava à mesa, todos os alunos conversavam, berravam, gritavam, faziam bagunça e ele não fazia nada para impedir.

Eu sempre ouvia meus colegas reclamando dos problemas, das aulas, dos professores faltando, dos choques elétricos, do calor pela falta de ventilador, da fila enorme no único bebedouro que funcionava, de ter que ir ao banheiro e ficar segurando a porta por dentro para ninguém entrar, já que não tinha como trancar, e tantas outras coisas. Todo mundo achava ruim as condições, se queixava, mas não fazia nada, só se conformava.

E eu estava percebendo que, em termos de ensino, tudo aquilo que eu tinha visto acontecer com a Duda iria acontecer com todos nós também, no futuro. Então eu decidi reclamar. Falei com a minha melhor amiga desde a 3ª série, a Melina, e fomos juntas conversar com o professor de matemática. Dissemos a ele que não estávamos aprendendo nada com aquele barulho todo na classe, que era bagunça demais e que a gente queria conseguir aprender. Mas sabe o que ele fez? Nada.

Então resolvemos ir até a direção da escola. Falamos na diretoria sobre a aula de matemática e sobre as coisas quebradas ou que não estavam funcionando direito. Eles não resolveram nada naquele momento, mas ouviram nossa reclamação. Naquele mesmo dia, na hora do recreio, vimos que a mesa do refeitório também estava quebrada. Lá fomos nós de novo avisar a diretora. Eles ouviam, ouviam, mas ao longo dos dias não acontecia nada, nada mudava.

E assim foi por alguns meses: nós íamos até a direção, falávamos dos problemas, e nada era resolvido. A diretora sempre nos dizia que era um "problema na licitação" ou que ela "já tinha pedido aquilo fazia anos" e que, "como a escola era pública, poderia demorar muito tempo mesmo".

Eu estava cada vez mais indignada com aquela situação. Então, lembrei da escola da Duda e comecei a fazer uma comparação entre as escolas públicas e as particulares, tanto na infraestrutura quanto no ensino. Comecei a ver que a minha irmã estava muito atrasada nos conteúdos da turma, que tinha mais dificuldade, mas ao mesmo tempo ela era muito mais cobrada nas tarefas, nas responsabilidades. E isso estava sendo difícil para ela, claro, porque não estava acostumada com tanta coisa, nunca tinha tido um ensino forte. Então eu comecei a pensar: por que nós, de escolas públicas, também não somos cobrados?

Por que tudo tinha que ser tão ruim na minha escola? Por que minha escola tinha que ter maçanetas estragadas, fiação exposta, portas quebradas, apenas um bebedouro funcionando para todos os alunos, quadra de esportes com todas as linhas apagadas, pintura descascada, ensino fraco, horários que nunca eram obedecidos, funcionários que entravam e saíam à hora que queriam, professores que não eram substituídos? Por que minha escola parecia uma extensão da casa dos funcionários? Tinha até uma funcionária que levava uma criança de 2 anos para o trabalho.

Àquela altura, eu já entendia mais de impostos. Eu já sabia que todos pagam impostos, e que eles estão em tudo. Afinal, até em uma balinha que compramos estamos pagando impostos. E esses impostos devem – ou deveriam – voltar para a população principalmente na forma de saúde e de educação públicas. Então, eu tinha direito sim a uma escola melhor e a um ensino melhor. Aquilo não era de graça, era pago, por todo mundo que mora no país.

Mas desde que aquela escola tinha sido inaugurada, eu nunca tinha visto nenhuma manutenção. E não havia nenhum sinal de melhora ou de mudança. Ninguém fazia nada, e as pessoas nem sequer se mostravam preocupadas. E aquilo parecia tudo, menos uma escola de verdade. O que fazer? Pedir melhorias para quem?

CAPÍTULO 3

O começo de tudo

Uma inspiração

Na tarde seguinte, por causa da minha indignação com os problemas da escola, fui conversar com minha irmã mais velha, a Ingrid. Contei a ela sobre tudo o que aconteceu e também sobre as comparações que eu fazia entre escolas públicas e particulares.

A Ingrid, que também estudou a vida inteira em escola pública, municipal ou federal, sabia bem o que eu estava falando e me contou sobre uma menina escocesa chamada Martha Payne, de 9 anos, que ela tinha visto na internet. A garota morava em uma fazenda com a família em um lugar chamado Argyll, na Escócia, e chegava todo dia com fome da escola, porque a merenda era muito ruim e muito pouca, e os alunos nunca podiam repetir o prato. Então, para mostrar os problemas e tentar melhorar a alimentação, ela criou um blog chamado *NeverSeconds*, que quer dizer mais ou menos "nunca repita o prato".

No blog, ela começou a postar fotos que tirava da comida todos os dias, e dava notas, inclusive até comentava quantos fios de cabelo tinha na comida naquele dia. Em pouco tempo, ela conseguiu mobilizar a comunidade e conseguiu resultados, porque teve muito apoio. Ela até chamou a atenção do famoso chef Jamie Oliver, que tuitou incentivando a Martha. Ela ficou famosa no mundo inteiro, com milhões de acessos no blog, e a alimentação na sua escola mudou muito, para melhor.

Minha irmã me mostrou o blog – o endereço é <http://neverseconds.blogspot.com> – e me sugeriu: "Por que você não faz alguma coisa parecida? Cria um blog e mostra os problemas da sua escola".

Eu achei a ideia dela muito boa e fiquei com muita vontade de criar alguma coisa do tipo. Aquilo poderia dar resultado também para o caso da minha escola. Mas pensei que eu não deveria criar um blog, e sim uma fanpage no Facebook, porque, além de eu não saber mexer direito com blogs, eu achei que uma rede social seria o lugar com mais gente conectada ao mesmo tempo. Muitas pessoas no mundo todo usam o Facebook. Eu já tinha minha página pessoal e para mim seria mais fácil criar e mexer, para atualizar. Falei para a Ingrid que eu ia fazer uma fanpage, e não um blog, e que, além de comentar da merenda, iria mostrar como estava a infraestrutura, o ensino, as condições da escola, etc. Minha irmã concordou e disse que era uma ótima ideia fazer daquele jeito.

Fui então falar para minha mãe e para meu pai qual eram os meus planos. Disse para eles, bastante animada: "Acho que vou criar uma página". Eles aceitaram a ideia, mas sem tanta empolgação. E me lembraram que nós estávamos no Brasil, que era muito diferente da Escócia, que as coisas aqui não aconteciam como na Europa, e talvez não desse nenhum resultado, porque as pessoas poderiam nem dar bola para mim. Mas me disseram que iriam me apoiar sempre, e que era meu direito reclamar das coisas que são públicas.

E eu disse para eles: "Tudo bem. Mesmo que ninguém me dê bola, que ninguém veja minhas postagens, eu vou criar só para não sentir que eu não estou fazendo nada para melhorar a educação e as escolas públicas".

Já que pedir para os professores e para os diretores não estava resolvendo nada, pior do que estava não poderia ficar. Na verdade, eu não tinha nem ideia do que poderia acontecer. Então fui em frente.

A fanpage

Aquele dia em que eu falei com minha família sobre a fanpage era uma terça-feira, dia 10 de julho de 2012. Naquela sexta-feira, iríamos entrar de férias, mas mesmo assim resolvi começar.

No dia seguinte, logo cedo, na escola, falei com a Melina, minha melhor amiga, e contei tudo o que eu tinha conversado com a Ingrid e o que eu estava pensando em fazer. Então, a convidei para fazer a página comigo. Nós conversamos bastante, e ela topou. Em seguida, já começamos a tirar fotos com o celular para postar aquilo que achávamos que estava pior na escola. Também fizemos uma filmagem dos corredores e do banheiro feminino, mostrando privadas quebradas, entupidas, sem tampa, portas quebradas e rabiscadas, porta papel quebrado e outras coisas.

À tarde, depois das aulas, a Melina veio em casa. Sentamos na sala na frente do notebook que eu dividia com a Duda e começamos a organizar a fanpage. Primeiro, precisávamos escolher o nome. Pensamos bastante, mostramos para a minha mãe, e foi ela quem acabou dando a melhor sugestão: Diário de Classe. Realmente, seria um diário de classe, porque a gente ia contar o dia a dia na escola. Então, no dia 11 de julho de 2012, iniciamos a página e começamos a postar. Nesse primeiro dia, já colocamos várias fotos e uma filmagem.

Diário de Classe
11 de julho de 2012

Essa é a nossa escola localizada no bairro do Santinho na Estrada Vereador Onildo Lemos. A fachada até é bonita mas entre para ver. Será que essa será mesmo a sua opinião? Ainda temos muita coisa pela frente!

Diário de Classe
11 de julho de 2012

Essa é a porta do "banheiro feminino" da nossa escola que fica no Santinho. Nem fechadura tem!!!

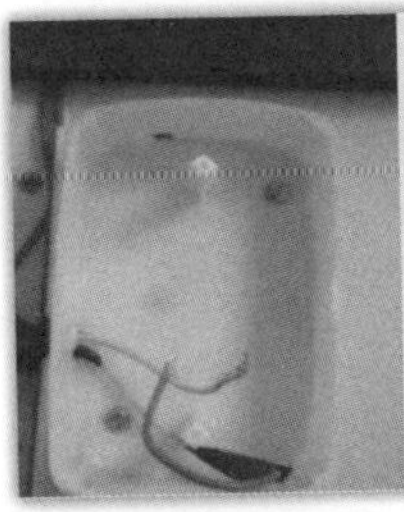

Diário de Classe
11 de julho de 2012

Esse é o ventilador da nossa sala, meus colegas encostam os fios e ele funciona. Será que tem perigo???????

Diário de Classe
11 de julho de 2012

O portão da escola. Os problemas começam na PORTA DE ENTRADA.

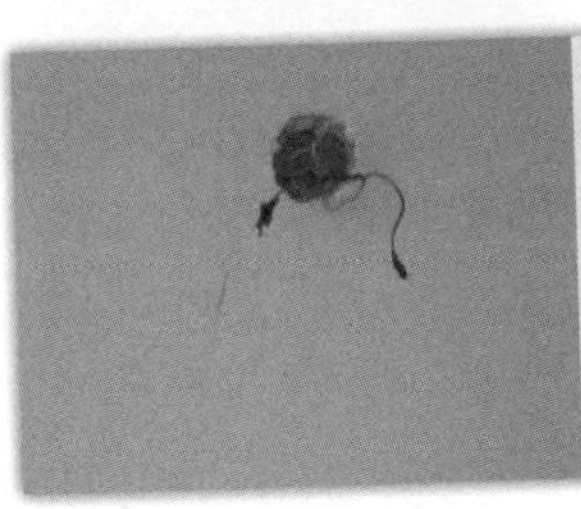

Diário de Classe
11 de julho de 2012

Lâmpada que caiu.

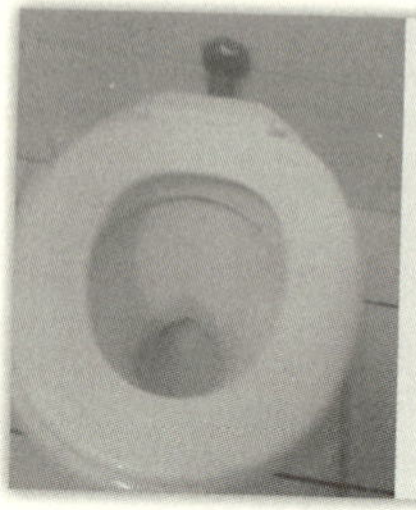

Diário de Classe
11 de julho de 2012

É sorte, temos pelo menos essa tampa.

Diário de Classe
11 de julho de 2012

Olha essa. Falei que era sorte!

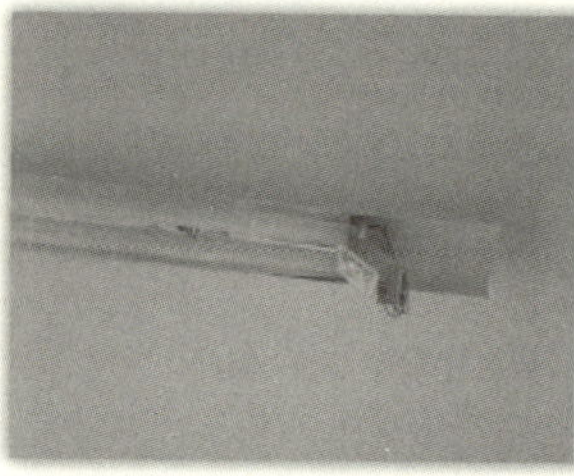

Diário de Classe
11 de julho de 2012

Lâmpada.

Diário de Classe
11 de julho de 2012

Alguns bancos do refeitório, quebrados claro!

Diário de Classe
11 de julho de 2012

Comida.

Diário de Classe
11 de julho de 2012

A porta do banheiro toda escrita.

Diário de Classe
11 de julho de 2012

Um vídeo de 1 minuto e 41 segundos, mostrando banheiros.

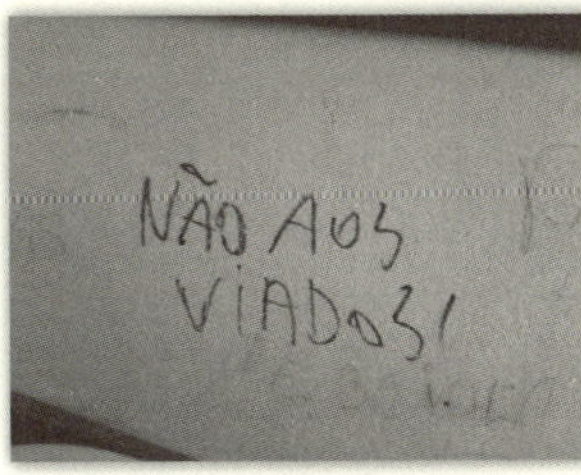

Diário de Classe
11 de julho de 2012

Sala de aula.

Diário de Classe
11 de julho de 2012

Corredor.

Diário de Classe
11 de julho de 2012

Parede do lado.

Compartilhando

Assim que abrimos a página, pedimos que alguns colegas e amigos nossos curtissem, para nos ajudar a divulgar. Também falamos com alguns de nossos parentes, que foram curtindo e compartilhando. Bem pouca coisa, mas foi assim que tudo começou.

Já nesse primeiro dia, conseguimos umas 20 curtidas na página e umas 10 nas postagens, além de alguns compartilhamentos e várias visualizações. Eu e a Melina estávamos muito felizes, porque já era muito bom para o primeiro dia. No dia seguinte, recebi uma imagem para a fanpage feita por um amigo, porque ela ainda tinha uma foto da porta rabiscada como capa. Ficou assim:

Na sexta-feira, dia 13, já íamos entrar de férias, então seria mais difícil mesmo alguém prestar atenção nas coisas da escola e na fanpage. Era claro que nesses primeiros dias nada ia mudar, os problemas continuariam lá, iguais. Mas nosso objetivo não era nem conseguir melhorias imediatas, e sim apenas mostrar os problemas da nossa escola.

11 de julho de 2012

20 seguidores

No sábado, primeiro dia das férias, deixei três mensagens na página. Uma com um recado para os políticos, outra com um trecho de uma letra de música que vi na internet, dos Engenheiros do Hawaii, e que achei que representava bem o que eu estava sentindo, e a terceira sobre uma reportagem que eu tinha visto na televisão falando de uma menina que levou uma arma para a escola, o que eu achei um grande absurdo, e que mostrava a situação das escolas no Brasil.

Diário de Classe
14 de julho de 2012

Eu criei esta página porque agora começam os "senhores candidatos" a mostrar coisas que nunca são verdade, escolas de cenários!

Diário de Classe
14 de julho de 2012

Se te disseram que pra não virar a mesa
Se te disseram que o ataque é a pior defesa
Se te disseram pra esperar a sobremesa
Ouça o que eu digo: não ouça ninguém

Esse refrão diz muito sobre eu ter criado esta página, e eu não vou desistir, não estou cometendo nenhum crime, estou mostrando o que de fato é a pura realidade.
Os regimentos internos deveriam punir os maus, que roubam, que quebram, que estragam a escola, que agridem os outros, esses sim deveriam sofrer punição!

Diário de Classe
14 de julho de 2012

Ontem foi mostrado no Jornal do almoço, uma garota de 14 anos que levou uma arma pra escola... nada vai acontecer com ela e vai continuar frequentando as aulas normalmente. Isso pode????????

14 de julho de 2012

47
seguidores

Durante as férias, que foram até o dia 30 de julho, não postamos mais nada. E ficamos esperando a volta das aulas para continuar.

CAPÍTULO 4

A volta das férias

Quando voltamos das férias, no dia 30 de julho, pelos comentários que ouvíamos, a maioria dos professores, alunos e funcionários da escola já estavam sabendo do Diário de Classe. Mas ninguém falava nada muito abertamente com a gente. Continuamos, então, com a página e as postagens.

Além de todos os problemas físicos que existiam na escola, havia também os problemas com o ensino, e eu achava (e ainda acho) que muita coisa errada era por causa da tal aprovação automática na escola pública. Claro que não é tudo culpa disso, mas eu nunca concordei com essa história. Em Santa Catarina, desde 2007, existia uma lei que dizia que nas escolas públicas de ensino fundamental os alunos não poderiam ser reprovados, ou seja, ninguém poderia repetir de ano, mesmo que tivesse um boletim cheio de notas vermelhas.

Eu achava aquilo muito errado. Se os alunos iam para a escola sem precisar se importar em passar de ano e aprender, e ainda mais depredando os prédios e as instalações como acontecia, a escola servia para gerar marginais, não para formar gente com um bom futuro. Então, nesse dia, eu e a Melina fizemos um post sobre isso.

Diário de Classe
30 de julho de 2012

Não queremos só mostrar o lado ruim da nossa escola, porque ela também tem seus lados bons, como um grande espaço físico e o prédio que também e bem novo em relação ao de muitas outras escolas, só está faltando a atenção para esses alunos que estão depredando nossa escola e isso só está sendo como uma iniciação para que eles se tornem marginais, que é o que realmente não queremos, pois esses "marginais" são nossos colegas. E também existe uma lei que os proíbe alunos ate a oitava serie de reprovarem, que achamos inaceitável, porque faz com que ninguém mais se importe com o estudo e só faz com que o Brasil consiga maior número de alunos aprovados e assim índices de educação melhores e mais dinheiro. Com os alunos não estudando, só o que resta é mesmo se tornarem marginas começando com isso de "depredar a escola".
E agora, qual é o lado bom dessa lei????

30 de julho de 2012

86
seguidores

O lado bom

Eu e a Melina sabíamos que muita gente iria querer nos criticar porque nós só mostrávamos problemas. Eu sei que tinha muita coisa negativa, mas nós não tínhamos criado a página para falar mal da escola, e muito menos dos funcionários que lá trabalhavam, mas sim para tentar fazer tudo melhorar, tentar conseguir providências. Por isso, resolvemos criar um post para explicar que o nosso objetivo não era apenas falar de problemas, mas denunciar o que acontecia para que todos vissem e, quem sabe, conseguirmos soluções.

Além disso, naquele segundo semestre iriam acontecer eleições no Brasil, e as campanhas políticas já iam começar. Eu ficava indignada quando as propagandas eleitorais mostravam na televisão escolas lindas, perfeitas, sem problemas, porque aquilo não era verdade. Aquilo era só um cenário montado para convencer as pessoas a votarem nos políticos, que não estavam fazendo nada para consertar nem a minha escola. Eu sabia o que acontecia de verdade, e não podia ficar quieta. Então, no mesmo dia, publicamos um post:

> **Diário de Classe**
> 30 de julho de 2012
>
> Essa página não é contra a escola. Só que bem agora estamos em época de eleições e estamos mostrando a verdade sobre escolas públicas que não são cenários. Queremos saber quem vai melhorar isso, quem vai ser responsabilizar de ir até a escola e cobrar, com que arrume e com que os alunos tenham atenção, queremos punição "coisa que é difícil" como falamos da menina que levou a arma.
> Porque ficar brabo com a verdade? Estamos querendo o que já era pra ser exigido não por alunos, mais SIM chegou ao ponto que alunas da escola estão exigindo a punição. Pra ver onde chegou a coisa.

Como queríamos continuar com as denúncias, e só falar não adiantava, todos os dias postávamos fotos para provar que não estávamos mentindo. Nós mostramos vários problemas da infraestrutura, como goteiras, orelhão depredado, fios soltos... E cada vez que postávamos, o número de curtidas aumentava, tanto na página quanto em cada publicação.

> **Diário de Classe**
> 30 de julho de 2012
>
> Esse é um dos lixos da nossa escola que usam como balde para as goteiras. Será que os cenários mostram realmente a verdade??

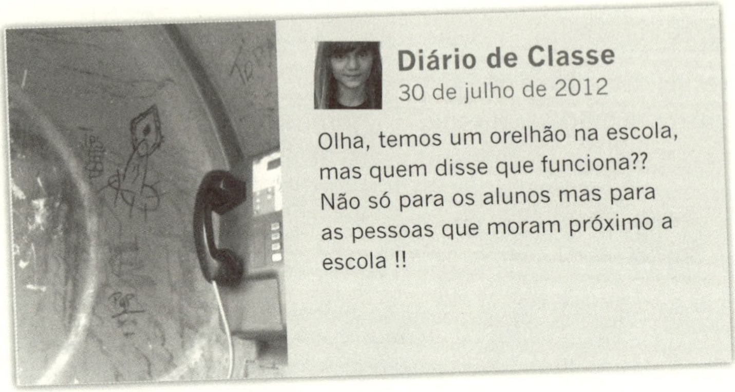

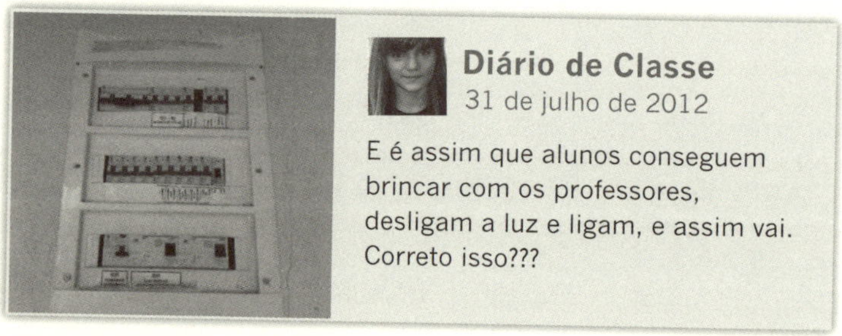

A qualidade do ensino

No Diário de Classe, não falamos só sobre os problemas de infraestrutura da escola, também publicamos sobre as aulas. Comentamos sobre o que acontecia na classe durante a aula daquele professor de matemática, de quem eu já falei, que parecia não estar interessado em dar aulas. A ideia não era falar mal dos professores, mas cobrar o que não estava bom, o que não era aceitável, porque tínhamos o direito de ter uma boa escola e um bom ensino. Também resolvemos colocar o que muitos professores falavam nas salas de aula.

Diário de Classe
31 de julho de 2012

Hoje de novo tivemos aula de matemática, que é a aula mais bagunçada de todas. Foi muito ruim, estávamos lá gritando, até que uma aluna pergunta: quando o outro professor vai substituir você?
E eu Isadora Faber me levantei da carteira na hora e perguntei:
– Por quê?
A menina braba responde:
– Porque esse daí não ensina nada.
Eu respondi:
– Ele tenta mais não consegue, por esse motivo mesmo, de começar a gritar e falar coisas desnecessárias na hora da aula.
Poxa, que consideração com a pessoa que está ali na frente.
Mas também, se ele não consegue manter a turma em silêncio, o que eu posso fazer? Alguém tem que conseguir. Mas quem, se ninguém vai até lá?

Diário de Classe
31 de julho de 2012

Alguns professores falam que é a pior profissão do mundo, mas se eles ficarem parados, dá no mesmo, porque estão recebendo de qualquer jeito.
Por favor, se não gosta da profissão, muda. Mas agora ficar parado, encostado na porta, só faz com que a nossa vida piore e atrase. Isso sim é ruim, ver o tempo passar e saber não vou aprender e vou passar de ano. Pra alguns é muito bom, mas comigo não é por aí não, ensina ou muda de profissão. Eu acho isso.

31 de julho de 2012

90
seguidores

A reação na escola

Seguimos no mês de agosto continuando a denunciar os problemas, postando fotos, comentários, vídeos e compartilhando outros posts que achávamos interessantes e que tinham a ver com a página. O número de seguidores crescia todos os dias. Bem devagar, mas crescia.

No começo, eu nem tinha pensado muito em qual seria a reação dos alunos da minha escola, mas imaginei que pudessem gostar do Diário de Classe, porque aquilo era para trazer melhorias para todos. Em relação aos professores e funcionários, pensei que talvez não gostassem, já que eu estava mostrando os problemas.

Na verdade, o que aconteceu naquele começo da fanpage é que grande parte dos alunos parecia nem tomar conhecimento do Diário, porque quase ninguém comentava nada com a gente e nem nas aulas. Na página, existiam mais comentários de gente de fora da escola do que de dentro. Minha vida na escola continuava aparentemente a mesma, sem críticas, mas também sem apoio. O máximo que acontecia era um colega vir dizer que eu estava apenas perdendo meu tempo e que nada iria mudar com aquilo.

Diário de Classe
2 de agosto de 2012

Não vou mentir, temos alguns colegas que não pensam na gravidade da coisa, acham tudo engraçado e não enxergam o perigo a situação. Temos na nossa sala esse ventilador que gira com esquema dos fios, mas olha o estado. Quando sentem calor botam papel e começa a sair fumaça, os professores ficam loucos falando que vai pegar fogo e é a pura verdade, pega fogo sim, será que tem como resolver?? LOGO VAMOS BOTAR UM VÍDEO.

Diário de Classe
2 de agosto de 2012

Essa é a mesa dos professores que é solta e cai às vezes, quando alguns se apoiam ela acaba caindo, imagina o que não acontece. Tudo cai no chão trabalhos provas e etc.

Diário de Classe
2 de agosto de 2012

Não podemos reclamar do espaço físico da escola é muito grande e tem escolas muito ruins que nem se comparam a nossa. Olha isso, muito bom.

Diário de Classe
5 de agosto de 2012

Essa janela fica bem na frente da escola e eles não tem vergonha de mostrar. Eu sei, às vezes os alunos quebram e não dá para descobrir quem foi, mas da pra arrumar, nada é impossível. Às vezes, eles pedem dois reais de cada aluno pra arrumar a escola, e compram um rádio. Acho que é melhor um vidro.

Com o passar do tempo, infelizmente as críticas começaram a vir, como a gente já desconfiava. Cada dia mais, víamos que funcionários e professores falavam de nós pelos cantos, cochichavam de longe e apontavam, e alguns até vinham dizer diretamente que a gente não deveria fazer aquilo. Até as merendeiras estavam contra a gente. Quando eu chegava para pegar a comida, elas comentavam em um tom irônico: "Lá vem a fotógrafa!". Conforme os dias iam passando, víamos na escola cada vez mais caras feias por todos os lados.

5 de agosto de 2012

98
seguidores

Começaram também a aparecer na fanpage comentários de todos os tipos: tinha gente que apoiava e aplaudia, tinha gente que falava que não deveríamos reclamar, tinha quem falava que a gente tinha que tirar só 10 para poder falar alguma coisa, outros diziam que a gente estava generalizando... Era engraçado, porque alguns colegas me apoiavam na fanpage, mas, chegavam na escola, o comportamento era o oposto. Acho que eles tinham medo de contrariar os professores e se prejudicar nas aulas.

Outras pessoas davam conselhos bons, orientavam, defendiam, falavam das leis, dos nossos direitos, incentivavam a gente a continuar. Na verdade, começou uma discussão interessante sobre o assunto nos comentários. Colocamos um post sobre isso.

Diário de Classe
5 de agosto de 2012

Se tem gente que vai contra a página, só não comenta.
Se é proibido ou não, o problema é meu e da Melina.
Se acha ruim que eu poste a comida, se prepara que vai ser o próximo(a) cozinheiro. Estudem gente, se preocupem com vocês, não comigo. O tempo que você tá aí falando coisa que não sabe poderia estar estudando. Nós fazemos isso para tentar ajudar, mas também estudamos, e muito. Média 5?? Nunca vai ser nota. Pelo menos pra mim, a media é 7, e eu nunca baixo disso.

Aos poucos, a gente começou a perceber que a direção da escola queria que parássemos de fazer o Diário de Classe, e já estava mesmo tentando fazer a gente desistir, com ameaças, algumas diretas e outras indiretas de que o que estávamos fazendo era contra a lei. “Mandavam recado” com funcionários falando que era proibido fotografar a escola, deixavam mensagens na página repetindo isso, dizendo que era perigoso, que a gente podia ser processada e que nossos pais poderiam até ser presos por isso. Nós ouvíamos e continuávamos postando, porque pensávamos: “Nós não estamos infringindo nenhuma lei, é nosso direito denunciar o que está ruim”.

Diário de Classe
5 de agosto de 2012

Nós queremos chegar mais adiante do que isso, queremos chegar na PREFEITURA. Quero que vejam isso, me mandar recado falando a lei que proíbe tirar foto da escola nunca vai adiantar, porque primeiro não existe lei nenhuma. Segundo que não é contra a escola, é contra a mentira dos candidatos. Se existisse realmente uma lei, porque deixar o recado só pra mim, e não publicar na minha página??
Eu quero saber qual é a lei que não deixa mostrar a verdade das coisas. Podem falar o que quiserem, nos chamar na diretoria da escola pra reclamar. Nós não temos medo de ninguém, e como minha mãe disse "melhor que ir no conselho e não mudar nada é me dar apoio na página".
E sim vamos dar um jeito de levar pra mídia, mais precisamos da ajuda de vocês para deixar mais conhecido ainda, precisamos de publicidade antes, e mesmo que não consigamos mais do que já temos, não vamos pensar em desistir de fazer justiça. Quero ver qual é o vereador que vai prometer arrumar a escola, e se ganhar, se realmente vai cumprir os combinados, o que nunca aconteceu.

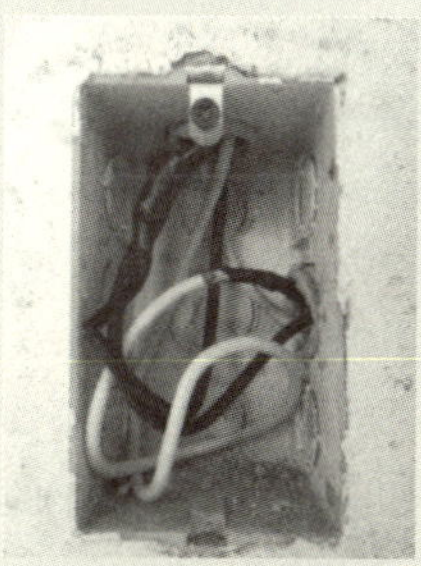

Diário de Classe
6 de agosto de 2012

Esses fios pra fora será que não é perigoso??
A coisa que mais tem na escola é fio desencapado.

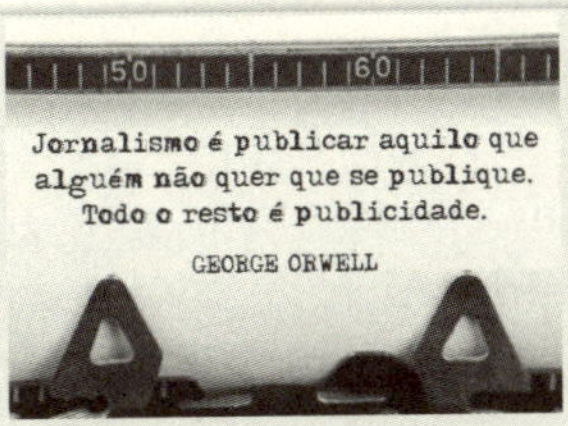

Diário de Classe
6 de agosto de 2012

Compartilhando

Chamada na diretoria

Como a gente já desconfiava que ia acontecer mais cedo ou mais tarde, no dia 10 de agosto, eu, a Melina e nossos pais fomos chamados para ir até a diretoria da escola. Eu tinha filmado a aula de matemática e postado no Diário de Classe. Na aula estava acontecendo uma bagunça (como sempre), todo mundo gritando, em pé, o professor parecia nem ligar. Tudo acontecia ali, menos aula, e os colegas que estavam na baderna viram que eu estava filmando e falaram para o professor.

A secretária da escola telefonou para nossas famílias informando que estávamos cometendo um crime gravíssimo. Minha mãe ficou assustada, pensou até que tínhamos matado alguém lá dentro. Mas, quando ela mencionou que era sobre o Diário de Classe, que nós estávamos filmando dentro da escola e publicando na internet, e que isso era proibido, minha mãe ficou brava. Ela falou que a escola era pública, era um prédio público, então tínhamos total direito de postar fotos na internet e reclamar, já que não existia nenhuma lei proibindo o direito de expressão. Disse também que ela trabalhava com produção de vídeos e por isso conhecia muito bem a lei de uso de imagens, e que não era crime o que estávamos fazendo. E que, se esse era o motivo de ser chamada para ir até a escola, ela nem iria, pois para ela o assunto já estava resolvido ali pelo telefone mesmo. Mas a secretária insistiu e ela acabou indo, para repetir para a diretora o que ela estava dizendo.

Chegando lá na reunião, o pedido da diretoria foi que nós tirássemos o Diário de Classe do ar, porque estávamos expondo algo de lá de dentro e poderíamos ser processadas por isso. Minha mãe disse que não tiraríamos do ar, porque não era crime o que estávamos fazendo. Além disso, aquela página não era contra a escola diretamente, e sim para mostrar aos políticos, que prometem e não cumprem nada, o que acontece, e que eles deveriam dar recursos para que tudo ficasse em ordem. Disse também que a gente tinha o direito de exercer nossa cidadania e que ela nunca me incentivava a desistir de uma luta.

A diretora acabou tendo de aceitar, e pediu então que pelo menos tirássemos do ar o vídeo da aula do professor, e foi o que fizemos. Ela também nos disse que alguns consertos já iam ser feitos. No final, saindo da reunião, a mãe da Melina estava assustada, acreditando que pudesse ser errado mesmo o que estávamos fazendo. E, com medo das ameaças, falou para ela parar de participar tanto do Diário de Classe. Naquela tarde, eu escrevi um post sobre isso.

Diário de Classe
10 de agosto de 2012

Na aula de matemática, o professor bateu na mesa para ficarem em silêncio e todos começaram a imitá-lo, então comecei a filmar. Alguns colegas viram que estavam aparecendo na bagunça e falaram para o professor. Então eu desliguei o celular, mas não exclui o vídeo. Acabou que eu e a Melina paramos na direção, ligaram para nossos pais e mandaram bilhete pedindo a presença deles na escola. Nossas mães falaram com a diretora que disse tudo bem, inclusive já tinha visto a página e deixou porque não é contra a escola, é contra os políticos mentirosos que prometem e não cumprem, então podemos seguir fazendo a pagina, só pediu para tirar o vídeo do professor. Nossa página já deu resultado, em breve poderei comentar, vou esperar um pouco para publicar. Tenho certeza que será melhor para todos nós. Continuarei alimentando a página como sempre, mostrando o que está errado e também o que está certo, a direção pode me comunicar todas as providências que estão sendo tomadas que terei o PRAZER de publicar aqui.

10 de agosto de 2012

108
seguidores

Depois disso, minha mãe teve uma conversa séria comigo, me perguntando se eu não preferia mesmo parar com o Diário de Classe, já que a pressão não ia diminuir, mas só crescer. Ela me disse que, se eu quisesse continuar, ela e meu pai me apoiariam sempre, mas que não adiantava ser apenas uma "revolucionária de Facebook", eu teria que aguentar as consequências na escola, porque já tinha deixado de ser uma coisa só virtual, já era real, e por isso eu poderia esperar mais represálias e críticas. Ela disse também que eu precisaria estar preparada para o que viria, mas que a escolha seria minha.

Eu disse a ela que ia continuar sim, porque eu estava fazendo uma coisa certa e boa, e saberia enfrentar as consequências. Mostrar a verdade não pode ser algo ruim. Eu sabia que seria cada vez mais difícil ficar de cabeça erguida tendo tantas pessoas na escola contra, mas, no fundo, em momento nenhum passou pela minha mente parar com o Diário por causa das críticas.

Na verdade, cada vez que tentavam me fazer desistir, eu me fortalecia, e quando começou a pressão mais forte, eu já não estava apenas querendo mostrar os problemas, como no início, mas estava em busca de melhorias para minha escola. A palavra-chave de tudo aquilo para mim era *força*. E eu não parei.

CAPÍTULO 5

Os primeiros resultados

No dia seguinte da reunião na diretoria, fiquei muito feliz. Comecei a ver que alguma coisa estava acontecendo na escola, porque os consertos começaram a ser feitos, como a diretora tinha comentado.

Trocaram uma porta quebrada e algumas fechaduras das portas dos banheiros também. Achei ótimo, fiquei muito feliz, e postei no Diário de Classe no dia 13. Claro que eu ia mostrar os consertos, já que a página era um diário e a ideia era ter tudo o que acontecia na escola, de bom e de ruim. E aquilo significava que, de algum jeito e apesar de tudo, tinha valido a pena começar a página.

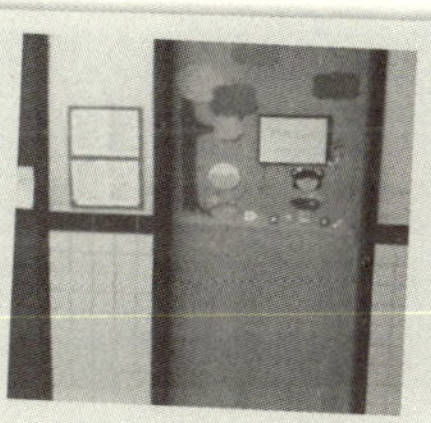

Diário de Classe
13 de agosto de 2012

Antes tínhamos colocado uma porta toda quebrada, só que trocaram por essa que esta novinha e queremos mostrar pra vocês

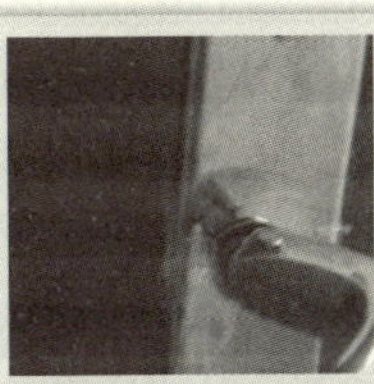

Diário de Classe
13 de agosto de 2012

Há pouco tempo algumas fechaduras foram trocadas, e nessas trocas uma delas foi a do banheiro feminino que deveria estar novinha ainda, mais infelizmente algumas crianças mais novas da terceira e segunda serie acabaram quebrando brincando de pega-pega, olha só!!!!

Uma nota no jornal

No dia 14 de agosto, aconteceu uma coisa que eu não esperava. Na coluna "Visor" do jornal *Diário Catarinense* saiu uma notinha a respeito do Diário de Classe. Algum jornalista da cidade deve ter visto a página no Facebook, porque eles não entraram em contato com a gente para perguntar nada antes de escrever a nota.

O engraçado é que em casa ninguém percebeu nada, e olha que meu pai lê esse jornal todos os dias. Nós ficamos sabendo mesmo foi pela diretora da escola, que viu, entrou em crise e nos telefonou pedindo mais uma vez que a página fosse tirada do ar, porque aquilo já era uma divulgação exagerada, que estava desmoralizando os professores, que já havia muita gente comentando, tudo estava indo longe demais, exposto demais. Aqui reproduzo a nota.

CONECTADAS

Duas alunas da Escola Básica Municipal Maria Tomazia Coelho, da Praia do Santinho, em Floripa, criaram uma página no Facebook para mostrar problemas como fiação e maçanetas quebradas e também as melhorias feitas no colégio. O título é *Diário de Classe*. Acesse e confira.

Minha mãe respondeu para a diretora que íamos manter nossa posição, ou seja, que eu não ia tirar o Diário de Classe do ar, e que ela não podia fazer nada, pois a nota já tinha saído. Disse também que não ia interferir no meu direito de expressão. E que, se eu não fosse boa aluna, não cumprisse meus deveres, seria diferente, mas, mesmo não sendo a melhor de todas, eu era uma aluna responsável, que não gostava de faltar e sempre fazia a minha parte, participando e entregando tudo o que me pediam. Quem não estava fazendo sua parte era a escola.

Nós ficamos contentes com a nota, porque aquela divulgação podia ser o que faltava para chamar a atenção da Prefeitura e da Secretaria de Educação, para que finalmente tomassem providências. E, na verdade, foi o que de certa forma aconteceu.

14 de agosto de 2012

116 seguidores

A Secretaria de Educação se manifesta

No mesmo dia em que saiu a nota no *Diário Catarinense*, 14 de agosto, a Secretaria Municipal de Educação de Florianópolis, que provavelmente soube do Diário de Classe pelo jornal, mandou um representante na escola chamado Anderson Abreu, para tentar abafar o caso do professor de matemática que não dava aulas. Eu falei sobre isso em uma postagem do dia 16 de agosto.

Diário de Classe
16 de agosto de 2012

Na terça-feira, o Anderson Abreu da Prefeitura foi na escola "na nossa turma" e falou que tinha visto o Diário de Classe. Ele sabia dos problemas do professor de matemática, então ele perguntou se queríamos que eles fizessem uma troca de professor, e toda a turma concordou. O professor iria embora, mais hoje tivemos aula de matemática, e não mudou nada o professor de novo estava lá e não conseguimos ter aula. Será que vai seguir assim?? Não vai mudar nada??

A pressão aumenta

Depois da reunião na diretoria e da nota no jornal, alguns professores começaram a se manifestar mais na página e nas salas de aula. Alguns postaram comentários no Diário de Classe dizendo que eu tinha acusado o professor de matemática publicamente, e por isso a Prefeitura iria demiti-lo.

Na verdade, os professores não queriam que o professor de matemática saísse. Acho que eles ficavam com pena porque ele tinha problemas pessoais, a esposa era doente. Só que todo mundo sabia como ele era. Ele já tinha sido demitido de outras escolas antes, e já tinha outras reclamações de pais sobre ele, mas mesmo assim eles ainda defendiam o colega.

Os professores vinham com aquela conversa de que "tudo poderia se resolver internamente" e fotografar e filmar era ruim porque "as câmeras dos celulares ou até mesmo câmeras de segurança tiravam totalmente a liberdade deles dentro das salas e na escola", e que não era necessário tanto estardalhaço, tanto barulho. O que eles não queriam de jeito nenhum, na verdade, é que eu falasse sobre as aulas e muito menos que tirasse fotos da escola. Mas como eu iria provar o que estava acontecendo? Fiz uns posts para falar sobre isso.

Diário de Classe
14 de agosto de 2012

Professora... Gostaria de saber quem eu acusei diretamente? Que provas vocês querem? Fotos e vídeos não bastam? Eu participo da escola diariamente, das aulas, do recreio, das conversas... Do mundo dos alunos, onde nem tudo os professores ficam sabendo, por isso falo... Falo porque sei o que acontece e a escola é pública, "do povo", logo não vejo problemas discutirmos publicamente, pois nada tenho a esconder. Não ofendi nem insultei ninguém, muito pelo contrário, como você pode verificar, mas se alguém se sentiu tão ofendido ou agredido, peço desculpas, pois não era essa a intenção. As aulas são muito diferentes, assim como os professores e vocês sabem exatamente como são as aulas de matemática, um problema que vem desde o início do ano sem solução porque eu e alguns colegas queremos REALMENTE APRENDER e nunca temos aula. Quanto às câmeras, elas já fazem parte do nosso dia, não tem o que discutir, elas já estão por toda parte, numa instituição pública não podemos querer privacidade. Nossos posts estão todos abertos para quem quiser comentar ou até se defender, mas o que acontece, como você deve ter visto, é que vem colegas dizer palavrões e outras bobagens.

Diário de Classe
14 de agosto de 2012

Outra coisa professora, até agora nenhum professor da escola tinha visitado a minha página. Por que tanta visibilidade? Eu não sei o que está acontecendo. Eu estou aprendendo muito com tudo isso, até mesmo como funcionam as coisas públicas, e de alguma forma é a minha intenção sempre ajudar a melhorar a escola para todos.

Diário de Classe
15 de agosto de 2012

Se nós publicamos fotos e vídeos, somos criminosas. Se só comentamos estamos acusando sem provas. O que querem afinal?? Não entendemos mais...

Cada dia mais, os professores, os funcionários e até os alunos pressionavam, dizendo que não podíamos publicar nada. Começamos a perceber que os funcionários estavam tentando colocar os alunos contra nós, porque falavam para os outros que eu estava prejudicando a imagem da escola, que estava sendo ingrata, que estava colocando em público assuntos que eram só da escola.

Eu acho mesmo que os funcionários e professores faziam isso porque pensavam que, se as pessoas soubessem o que acontecia na escola, eles perderiam a liberdade que tinham de fazer o que quisessem. Como disse antes, a escola parecia, na verdade, uma extensão da casa dos funcionários. Muitos eram vizinhos, amigos e até parentes, e eles faziam de tudo lá, até lavavam roupas. Uma funcionária levava seu filho pequeno para o trabalho, e eles passavam o dia todo lá dentro da secretaria.

As pessoas mandavam indiretas nas aulas e comentavam nos posts. Alguns até xingavam. E falavam mais para mim do que para a Melina, porque ela já não estava publicando tanto. Mas muitos desconhecidos no Facebook me incentivavam a continuar e me apoiavam.

Sozinha

Mais uma vez, eu e Melina fomos chamadas na diretoria da escola com nossos pais. Era uma sexta feira, dia 17 de agosto, e de novo nos pressionaram para tirar o Diário de Classe do ar, pois, claro, não queriam que ninguém soubesse o que acontecia. Eles ameaçaram nos processar se não parássemos com o Diário. Eles tinham medo de que as pessoas vissem a realidade, a desordem, pois, se isso acontecesse, eles iam ter de mudar as coisas naquela escola.

A família da Melina não estava aguentando a pressão. Aparentemente, acreditavam mesmo que o que fazíamos era errado, era crime. Já fazia algum tempo que eu estava postando sozinha, mas comunicava a ela sobre tudo o que estava publicando. Eu postava esperando que as coisas se acalmassem, achando que uma hora ela iria voltar e tudo iria seguir como antes. Mas não. Com medo de represálias, os pais dela não deixaram mais que ela participasse da página, e naquele dia mesmo a Melina saiu oficialmente do Diário de Classe e nunca mais voltou.

Para mim, foi muito difícil, pois se com ela já estava complicado aguentar tudo, imagine sozinha. Fiquei triste, mas não queria que o Diário acabasse, então resolvi continuar sozinha mesmo. E avisei em um post.

Diário de Classe
17 de agosto de 2012

Oii, a partir de hoje eu sou a única administradora dessa página. Eu estou aberta para qualquer foto de qualquer escola que alguém queira colocar aqui. Se alguém quiser é só entrar em contato por aqui. Obrigada.

Fiquei chateada, pois eu sabia que não estávamos cometendo nenhum crime. Nada de grave deveria acontecer com a gente, porque não tinha nenhum motivo concreto para isso. Eu segui postando com o apoio de toda a minha família e de alguns seguidores que me incentivavam a seguir em frente.

Fiz uma descrição da página com o seguinte texto: "Eu Isadora Faber que tenho 13 anos estou fazendo essa página sozinha, para mostrar a verdade sobre as escolas públicas. Quero o melhor não só pra mim, mas pra todos".

Eu sempre pedia para que meus amigos curtissem e repassassem o link com o Diário de Classe para conhecidos. Eu mandava o link por chat para todos os contatos que eu tinha e pedia ajuda. As pessoas foram gostando e, com o passar do tempo, algumas pessoas totalmente desconhecidas curtiram a página e passaram a comentar também, compartilhando e curtindo os posts. Mesmo assim, eu continuava pensando que o Diário de Classe iria ter no máximo 100 ou 150 seguidores, o que já era bom demais.

17 de agosto de 2012

127 seguidores

Mais melhorias

Nas semanas seguintes, mais melhorias e reparos continuaram sendo feitos na escola. Outras maçanetas foram trocadas, os ventiladores foram consertados, algumas pinturas foram feitas. Eu fiquei contente, porque minha escola estava ficando melhor. Só na quadra de esportes nada acontecia, e isso ainda iria render muita história, como eu vou contar mais pra frente.

Diário de Classe
17 de agosto de 2012

Hoje eles trocaram essa fechadura que estava quebrada e a do outro banheiro também..

Diário de Classe
21 de agosto de 2012

Acho que essa quadra nunca foi pintada. Todos deveriam concordar que se fizermos um mutirão e pintarmos seria melhor, porque inclusive os usuários da quadra, professores de educação física, alunos que usam e precisam da marcação do jogo gostariam de ter um local com linhas visíveis na hora do uso. Fica minha dica...

Diário de Classe
21 de agosto de 2012

Eu estou colocando aqui a foto do ventilador que estava quebrado, eles retiraram os fios que davam choque, e o ventilador, muito bom, mas só espero que tenha um novo até o verão porque os do teto não funcionam ainda...

Os casos dos professores

Os professores não tiravam o olho de mim, mandavam indiretas dizendo que a internet nunca iria fazer uma revolução. Me pressionavam de todos os jeitos, tentavam me ridicularizar. E qualquer coisa era motivo para pegarem no meu pé. Um dia, no final da aula, quiseram confiscar meu celular sem motivo, como eu contei no post do dia 17.

Diário de Classe
17 de agosto de 2012

Hoje faltando 3 minutos para acabar a aula todos estávamos conversando, a professora auxiliar deixou, então, eu e no mínimo 3 colegas. Estávamos com celular na mão e os 3 já estavam escutando musica, e o meu estava ate com fone enrolado porque eu estava esperando bater o sinal, para não dar confusão, e a professora se dirigiu a mim, e falou que iria recolher meu celular se eu não guardasse. Mas e os outros, que estão também?? Eu falei: ou pega o celular de todos ou de ninguém.
Qual é o problema comigo? Acho até que sei, represália, mas comigo pressão não funciona. Tudo que acontecer eu vou postar aqui.
Já não é a primeira vez que acontece isso

A história da substituição do professor de matemática ainda estava sem solução. Eu tinha concordado em tirar da fanpage o vídeo da aula dele porque a diretora tinha nos pedido na reunião, e também porque o Anderson Abreu, da Secretaria de Educação, disse que iriam substituir o professor. Mas ele ainda estava lá na escola, ia normalmente, e ninguém falava mais nada do assunto. Também postei sobre isso.

Diário de Classe
17 de agosto de 2012

Me pressionaram de todas as formas para eu retirar os vídeos das aulas de matemática. Se arrependimento matasse, já estava morta, mas se continuarem sem dar explicações vou publicar todos de novo e mais alguns. Ou vai passar o ano todo sem aula de matemática decente??

Acontecia muito de termos aulas com professores auxiliares. Os professores principais sempre faltavam bastante, sempre tinham problemas de família para resolver, sempre estavam doentes, sempre acontecia alguma coisa e eles não vinham. E nós ficávamos com os auxiliares de ensino.

O problema é que, quando os auxiliares substituíam os professores, não tínhamos aulas de verdade. Não dava para chamar de aula o que eles faziam. Eles passavam um pedaço de um filme e nem terminavam depois, davam um textinho curto com uma pergunta só para preencher o tempo, davam jogos e brincadeiras. Era mais para "tapar buraco" mesmo. Os auxiliares de ensino da escola são preparados para dar aula só até a 4ª série, então, quando eles entravam na nossa turma de 7ª série com aquele textinho bobo, todo mundo ria e ninguém dava bola. Eu fiz um post sobre isso no Diário.

Diário de Classe
20 de agosto de 2012

De 5 aulas de hoje, só tivemos 2 com os professores titulares, as outras 3 foram com professoras substitutas.
Quando temos aulas com auxiliares elas dão um texto e uma pergunta e é sempre isso, acho que o tempo poderia ser melhor aproveitado.

Depois que publiquei isso, uma professora auxiliar (que me perseguiu até o último dia de aula pelos corredores e pelo refeitório, me filmando) tentou processar meus pais e o próprio Facebook. Ela é o tipo de professora que implica com quem vai de short pra escola, e repreende as alunas estando ela própria de minissaia (ela é até musa de um time de futebol). Primeiro, tentou processar minha mãe por injúria, e não quis nenhum tipo de acordo na audiência conciliatória. Preferiu insistir, mas não deu certo, pois o juiz não achou motivo para o processo. Então, ela está ainda tentando pedir indenizações por danos morais. Eu é que deveria reivindicar alguma coisa por ter sofrido danos educacionais...

E mais um acontecimento iria mostrar que as aulas com os auxiliares não parariam:

21 de agosto
de 2012

144
seguidores

Diário de Classe
20 de agosto de 2012

A nossa professora de história teve uma aneurisma e passou por cirurgia. Eu espero que ela se recupere totalmente, e também estou preocupada, porque ouvi falar que pode demorar para ela voltar. Será que vamos ficar só com auxiliares??

Diário de Classe
21 de agosto de 2012

Hoje de novo tivemos 2 aulas com professores titulares, e as outras três não. Mas tivemos aula de matemática com a diretora, que nos deu exercícios, e viu o que sabíamos e o que não tínhamos conseguido assimilar. Foi muito boa a aula hoje, acho que teve um rendimento que com auxiliar não tem. Espero que siga assim.

Apoio

22 de agosto de 2012

213
seguidores

Eu estava cada vez mais feliz com o alcance da minha página. Por isso, no dia 23 de agosto, gravei e publiquei quatro vídeos para falar sobre o que estava acontecendo comigo na escola no dia a dia e para agradecer o apoio, que crescia a cada dia. Minha irmã Duda me ajudou com a gravação. Um dos vídeos foi especialmente para meus colegas, para dizer que o que eu estava fazendo era para todos, não só para mim, e que eu não entendia por que eles não estavam gostando.

De qualquer maneira, era incrível que, de repente, eu já tivesse mais de 300 seguidores, e muitos eu nem conhecia. Mas eles iam curtindo a página para acompanhar minhas postagens e a história da minha escola. Os comentários eram muito bons, as pessoas me incentivavam a continuar e elogiavam minha iniciativa. Elas falavam que eu era corajosa, porque isso acontecia em todos os lugares do Brasil e ninguém fazia nada para reivindicar uma escola pública de qualidade.

23 de agosto de 2012

460 seguidores

Eu não entendi direito por que o número de curtidores começou a subir tão rápido, talvez tenha sido por causa dos vídeos mesmo. Acho que as pessoas estavam mostrando para outras, e a cada dia quase dobrava o número de curtidas.

Naquele mesmo dia, eu compartilhei uma postagem da Joice da Rosa, que é a mãe de um aluno da minha turma, o Pedro, e uma das únicas que ficaram do meu lado nos primeiros meses do Diário de Classe. Ela se dirigiu a mim e falou coisas importantes, que eu reproduzo aqui.

Diário de Classe
23 de agosto de 2012

Compartilhando...

Joice da Rosa

Querida Isadora Faber, tu e muitos bem sabem o quanto estive presente na escola, muitas vezes só mostrando os erros. E sempre procurando e tentando consertar de tudo, até a água que no início não tinha na antiga sala de ciências... Briguei bastante, mas depois me acomodei, pois vi que ia dar sempre com a cara na porta. E ao ver que a escola estava caindo, por assim dizer, fui ficando muito chateada!!! Deixamos de fazer festas de dia das crianças, dia dos pais e das mães, porque "não temos famílias estruturadas assim", e portanto "não devíamos melindrar quem não as tinham...". Como no antigo NEI Luiz Paulo, nunca mais tivemos festas maravilhosas, reunião de toda a comunidade, e ali o espaço era muito pequeno. Jamais tivemos apoio, para que se cobrisse a quadra, já que a SME não disponibiliza protetor solar para as crianças do ensino fundamental, e assim por diante...
As placas de área escolar foram conseguidas depois de meses em discussão com o Diário, e só consegui depois de um, veja só, coffee break, quando fomos nomeados gestores do plano diretor aqui pelos ingleses. E aí a culpa caiu sobre o IPUF e o CALICA!! Brigamos pelo uniforme durante as gestões da APP, mas sempre tinham a resposta que não era obrigatório... Sempre coloquei o Instituto de Educação como exemplo, mas sempre fui rechaçada! Hoje é obrigatório (onde)... não existe nada em que a escola ajude

nossos filhos, que nos interturnos ficam a mercê de tudo (tivemos alunos sendo levados pra casa numa viatura da PM, pois estavam usando entorpecentes). Escola aberta pra quê?? Então to aqui postando a foto do bebedouro em frente à primeira série, que está estragado, quero ver até quando! Beijos!

No dia seguinte, recoloquei na página do Diário de Classe o vídeo gravado na aula de matemática, porque o professor não foi dispensado, como o Anderson Abreu da Secretaria prometeu. E decidi que o vídeo ficaria no ar até ele ir embora de vez. Fizemos até um abaixo-assinado na minha turma para que ele saísse, mas era muito estranho, porque ele não ia embora.

Diário de Classe
24 de agosto de 2012

Eu estou recolocando um dos vídeos da aula de matemática, porque me fizeram tirar quando o Anderson Abreu da prefeitura foi na escola, e falou que o professor não nos daria mais aula, mas no dia seguinte o professor voltou, e a diretora falou que ele sairia, então não coloquei, ai tivemos algumas aulas com as auxiliares e ontem ele estava de volta, e a diretora hoje falou que ele vai embora, mais até eu ter certeza disso, decidi postar de novo, e não vou tirar até que ele realmente vá embora da nossa escola.

Diário de Classe
24 de agosto de 2012

A diretora disse que a demissão do professor de matemática está pronta e ele não quer assinar. A nossa turma já fez abaixo assinado, e ele não sai. Alguém pode me explicar como isso funciona??? Pensei que quando era demitido tinha que sair.

O caso da professora de português

Não demorou muito, professores e funcionários começaram a me perseguir mais intensamente. Naquela sexta-feira, a professora de português deu uma aula inteira sobre internet, dizendo o que deveria ou não ser postado no Facebook. Deu várias indiretas e ridicularizou várias atitudes de "pessoas que colocam coisas na internet". Claro que aquilo era para mim, apenas para me humilhar. No mesmo dia, escrevi sobre isso no Diário de Classe.

Diário de Classe
24 de agosto de 2012

Hoje a professora de português preparou uma aula pra me "humilhar" na frente dos meus colegas. A aula falava sobre política e internet, ela falava que ninguém podia falar da vida dos professores, porque nós podíamos ter feito muitas coisas erradas pra eles odiarem e etc. Eu e acho que a maioria dos meus colegas entenderam o recado "pra mim". Além disso, quando vou até o refeitório as cozinheiras, começam a falar de mim, na minha frente e rir, eu e a Melina (minha colega) fomos reclamar com a diretora, então ela disse que eu tenho que aguentar as consequências e que a partir de agora seria assim com todos, não resolveu o problema. Confesso que fiquei muito triste...

Naquele dia, alguns professores e funcionários chegaram até a dar os parabéns para a Melina por ela ter saído do Diário de Classe. Disseram que ela tinha feito certo, pois podíamos estar sendo manipuladas. E ela não se defendeu nem disse nada, apenas concordou. Foi aí que eu percebi que éramos apenas colegas, e não companheiras ou quase irmãs como eu achava. Fiquei muito decepcionada com isso, mas não falei nada. E comecei a andar com um pé atrás, porque, no fundo, eu me sentia sozinha.

Eu achava que realmente tinha amigos, mas na hora da pressão todos recuavam. Mas eu não. Eu queria seguir em frente, e não iria parar por causa dos outros, pois era isso o que eles queriam. E se eu tivesse que ser diferente, eu tinha certeza de que seria.

24 de agosto de 2012

600
seguidores

CAPÍTULO 6

A repercussão começa

No fim de semana, eu não desconfiava que dali a dois dias as coisas iriam mudar bastante. Na verdade, as curtidas na página do Diário de Classe começaram a disparar no sábado e no domingo. Acho que "viralizou", como se diz na internet.

No sábado, dia 25, gravei e publiquei um vídeo para esclarecer duas coisas importantes. Primeiro, que era eu mesma que fazia os posts, pois eu estava recebendo muitas mensagens dizendo que eram professores ou outras pessoas que postavam. E eu fiz questão de mostrar que era eu mesma.

O segundo esclarecimento era que o problema com o professor de matemática era algo específico, só com ele mesmo, porque todos os outros conseguiam dar aula normalmente e a gente conseguia aprender. E era esse o motivo de querermos que ele saísse. Aproveitei para agradecer tanta gente compartilhando e divulgando a página, que só crescia, cada vez mais.

No domingo, tinha jogo de futebol do Grêmio. Toda a minha família é gremista e a gente costuma se juntar quando tem jogo para assistir e torcer. É bem divertido. Naquele dia, estava todo mundo na minha casa, inclusive a Ingrid e o Adriano e até as cadelas deles. Eu estava vendo que as curtidas estavam subindo e comecei a acompanhar as atualizações, que já passavam de 900. Eu estava impressionada. De repente, quando percebi, as curtidas bateram em 1.000!

Foi aquela surpresa e aquela alegria toda! A gente gritava, batia palmas, parecia que o Grêmio tinha feito um gol! Eu e a Eduarda fizemos até brigadeiro para comemorar, foi uma verdadeira festa. No final do dia, já tinha passado de 1.500 seguidores e a quantidade não parava de subir. A gente atualizava a página e via os números crescendo, eu nem acreditava.

26 de agosto de 2012

1.557
seguidores

Um dia nada normal

A segunda-feira, dia 27 de agosto, começou como um dia normal. Eu acordei, tomei café, me arrumei, peguei minhas coisas e fui para a escola. Minha mãe, como sempre, me acompanhou, se despediu e sentou na mesa da cozinha para tomar café.

Da cozinha da minha casa dá para ver, pela janela, o muro lá fora. De repente, minha mãe, que estava lá na cozinha, distraída, com uma xícara na mão, viu dois vultos aparecerem por cima do muro. Deviam estar trepados em alguma coisa, porque tentavam falar com alguém de dentro da casa. Ela foi até lá e viu que eram duas moças, com um celular na mão, que tinha uma foto minha, perguntando se aquela era "a casa da Isadora". Minha mãe abriu a porta e elas se identificaram como duas jornalistas do jornal local, o *Notícias do Dia*, e disseram que queriam muito falar comigo, fazer uma entrevista.

Minha mãe disse que eu estava na escola àquela hora, mas que, se elas quisessem, poderiam esperar até eu chegar. E ficaram conversando com minha mãe, a entrevistaram também. Elas disseram que ficaram sabendo do Diário de Classe, que estava crescendo, e se interessaram em saber mais da minha história. Minha mãe foi respondendo o que elas perguntavam.

Não demorou muito tempo, a campainha tocou. Minha mãe foi atender e eram mais jornalistas, dessa vez do *Diário*

Catarinense, que também queriam me entrevistar. Minha mãe explicou que eu estava na escola e falou que eles podiam entrar e esperar. Só que passou mais um tempo, chegaram mais jornalistas. E não pararam de chegar o dia todo! O portão não conseguiu mais ficar fechado! Tinha gente da Globo, da RBS, da Band, da CBN, do *Estadão*, do G1, do UOL, da *Época*, da *Veja*, da Record e de muitos outros lugares. Minha casa ficou uma confusão, cheia de gente!

Enquanto isso, na escola

Eu não tinha a mínima ideia do que estava acontecendo na minha casa, mas na escola as coisas estavam complicadas. Por causa da postagem de sexta-feira, logo no início da aula a professora de português me chamou do lado de fora da classe, com mais dois colegas (que nem sequer falavam comigo), e começou a falar um monte de coisas, bem nervosa e alterada.

Ela disse que eu não tinha o direito de publicar aquilo sobre ela no Facebook, que eu tinha entendido tudo errado, que não era sobre mim, que não era nada daquilo. E ela falava brava e perguntava para meus colegas, toda vermelha, se ela estava falando a verdade, pedia confirmação. Eles, aparentemente com medo, concordavam com ela.

Naquele momento, a supervisora estava passando por lá e decidiu parar e perguntar o que estava acontecendo e por que estávamos do lado de fora da sala. A professora explicou, e a supervisora disse que eu "já estava passando dos limites" e que ela ia fazer uma reunião com a diretora a meu respeito. Eu falei que elas estavam no direito delas de dar sua opinião publicamente lá na minha página, mas que era meu direito também me expressar da maneira que eu quisesse.

O clima ficou bem tenso, eu não me senti à vontade, e, na hora do recreio, liguei do meu celular para o meu pai, contando tudo o que havia acontecido. Ele foi até a escola, entrou direto na diretoria, e pediu para chamar a professora de português e perguntou por que ela tinha feito aquilo. A professora começou a se explicar e ficou bem nervosa, até chorou e pediu desculpas pelo que tinha dito. Disse que ficou com medo de que aquilo tudo prejudicasse o trabalho dela. Eu disse que tudo bem, que é claro que eu aceitava as desculpas. E acabei indo embora com meu pai.

Microfones e câmeras

Quando eu cheguei da escola, não entendi nada. Minha casa estava lotada de gente, com câmeras de filmagem, iluminação, máquinas fotográficas, microfones, fios... uma confusão! Não tinha nem por onde andar, todos os espaços estavam ocupados. Quando eu entrei pela porta, já vieram em cima de mim, com o microfone na minha boca para eu falar, perguntando um monte de coisas. Não deu nem tempo de nada! Me pegaram de surpresa.

Bom, o resultado é que fiquei até onze da noite falando com todos eles. E acabei dando entrevista até pelo celular, que também não parava de tocar. Alguns jornalistas me falaram que eles estavam acompanhando o Diário de Classe, só esperando passar de mil curtidas para falar comigo, pois já era um número razoavelmente alto de seguidores.

Eu ainda estava meio assustada, pois não esperava que tudo aquilo acontecesse. Eu ficava meio envergonhada, sou muito tímida, como já disse. Para falar a verdade, até hoje eu fico com vergonha em entrevistas, mas até que me acostumei. Mas, na época em que tudo isso aconteceu, e com tantos repórteres ao mesmo tempo, eu quase não falava, não ajudava nenhum jornalista, mesmo eles sendo muito educados e simpáticos comigo. Coitados, eu dificultava mesmo o trabalho deles com a minha vergonha. Depois, fui me habituando e acho que hoje colaboro mais.

Vou colocar aqui algumas reportagens que saíram no mesmo dia (27 de agosto), que foram escritas com as entrevistas. Não dá para colocar tudo, mas com uma busca na internet é possível ver mais. Muitas saíram no rádio e nos jornais de papel, mas foram colocadas nos sites também depois, como mostro aqui.

Internet

No Facebook, estudante de 13 anos narra rotina de problemas de escola pública

Isadora Faber reúne quase 10.000 fãs na página 'Diário de Classe'. Segundo ela, posts 'incomodam' docentes e colegas

Revista Veja
http://goo.gl/LzNNwK

CBN Curitiba
http://goo.gl/RQfLFt

ENTREVISTA

Atualizado em Segunda-Feira, 27/08/2012
Por: Redação

Estudante usa Facebook para denunciar problemas do ensino público. Entrevista com Isadora Faber

Aluna da rede municipal de Florianópolis denuncia problemas da escola no Facebook

Jornal Notícias do Dia
http://goo.gl/HEaJLB

Jornal O Estado de S. Paulo – Caderno Link
http://goo.gl/aXU1Ab

O que acontece entre os muros da escola

Estudante de 13 anos denuncia problemas do colégio no Facebook e sofre represálias, diz mãe

Menina cria página no Facebook para protestar contra problemas da escola

Página tem mais de 30 mil visualizações e 9 mil pessoas curtiram

Jornal Correio Braziliense
http://goo.gl/JcBYrY

Jornal ABC Curitiba
http://goo.gl/KPtEhs

Isadora Faber pode ser o começo de uma revolução no ensino público

Menina sofre pressão após criar página sobre problemas da escola

Portal Terra
http://goo.gl/Id9pRV

Gazeta do Povo
http://goo.gl/TSJRVJ

Aluna de escola em SC cria página no Facebook para denunciar problemas

Aluna do 7º ano, Isadora Faber, de 13 anos, posta textos, fotos e vídeos sobre aulas que considera ruins, portas e maçanetas quebradas e fiação elétrica exposta

Estudante de 13 anos de SC cria página no Facebook para relatar problemas da escola

Portal UOL Educação
http://goo.gl/F3Yo1K

Aluna cria página no Facebook para relatar problemas da escola em SC

Estudante de 13 anos mostra infra-estrutura de escola de Florianópolis. Secretaria Municipal de Educação ainda não se posicionou sobre o caso.

Portal G1 – Santa Catarina
http://goo.gl/AZr9cv

Portal iG – Último segundo
http://goo.gl/pTjvsg

Aluna de 13 anos faz sucesso com página sobre problemas da escola

Via Facebook, estudante mostra falhas de infraestrutura e pedagógicas da instituição em que estuda em Florianópolis

Uma escola, uma menina de 13 anos, uma página do Facebook e milhares de fãs.

Blog Design Nerd
http://goo.gl/6kf4l0

O lado da escola

Depois que saíram da minha casa, alguns jornalistas foram direto até a escola para tentar falar com a diretora. Só que o portão foi fechado e a direção não conversou com ninguém. Eles deram a chance de a escola se manifestar, mostrar seu ponto de vista e dizer o que queria, mas a diretoria recusou, o que achei uma pena.

O que eu soube foi que, provavelmente por causa de tantas reportagens ao longo do dia, a secretária de Educação de Florianópolis, Sidneya Gaspar de Oliveira, tinha marcado uma reunião para o dia seguinte, terça-feira, às 14h30. Deveriam ir a diretora da minha escola, a secretária de Educação e também os diretores de Infraestrutura e de Ensino Fundamental da

Secretaria, e eles iam discutir tudo o que eu estava reclamando no Diário de Classe e também as denúncias de críticas e pressão que eu estava recebendo. E que depois disso eles iam divulgar o que pretendiam fazer. Achei muito bom! Alguns jornalistas até comentaram que a secretária ia chamar a mim e a minha mãe, que ela gostaria de me conhecer, mas ninguém tinha entrado ainda em contato com a gente.

Com toda aquela confusão, a única postagem que deu tempo de eu fazer no Diário durante o dia foi um texto curto, explicando o que estava acontecendo. Nem consegui escrever sobre o caso da professora de português, mas eu ia fazer isso assim que desse.

Diário de Classe
27 de agosto de 2012

Pessoal, me desculpem estar respondendo muito pouco hoje, mas eu to sendo entrevistada por vários jornais...ok. Mas amanhã eu vou dar a atenção que todos vcs merecem e muito obrigada por cada curtida de vcs!!! Bjo a todos que estão me apoiando nessa causa!!!

À noite, eu consegui gravar um vídeo e postar, agradecendo o apoio dos jornalistas que estavam ajudando a divulgar a página e as pessoas que estavam comentando e compartilhando. Também me desculpei por não ter conseguido escrever nada nem curtir comentários. Eu estava cansada, já era tarde da noite, e, no dia seguinte além de ter aula, também estavam marcadas mais entrevistas com a imprensa. No final da noite, mais de 35 mil pessoas já tinham curtido a página, por causa de tanta divulgação feita pelos jornalistas.

Sem dúvida, aquele foi um dos dias mais agitados da minha vida. Foram várias entrevistas para revistas, rádios, jornais, canais de televisão, sites... Eu estava exausta, mas feliz, porque sabia que aquilo ia me ajudar a levantar minha bandeira mais alto ainda, e muito mais gente ia conhecer o Diário de Classe.

Mais entrevistas, mais repercussão

27 de agosto de 2012

36.387 seguidores

No dia seguinte, acordei com o celular tocando. Atendi e era um jornalista que queria fazer entrevista comigo. Eu ainda estava zonza de sono, mas precisei sair falando! Ainda bem que no dia anterior eu tinha "treinado" um pouco com tantas entrevistas. E, assim como na segunda-feira, eu passei o tempo todo dando entrevistas e nem consegui ir à escola.

Por causa da repercussão na imprensa, muita gente que não conhecia minha história e o Diário de Classe passou a conhecer, o que fez mais jornalistas quererem fazer matérias sobre a fanpage. Logo de manhã, saíram mais reportagens na imprensa, de entrevistas feitas nos dias 27 e 28 de agosto. Algumas delas:

Uma aula de jornalismo comunitário
Com apenas 13 anos, Isadora Faber criou perfil no Facebook para denunciar os problemas em escola em Santa Catarina.

Rádio CBN – Gilberto Dimenstein
http://goo.gl/IY9nRo

TV Globo – Jornal Hoje
http://goo.gl/9o3NyL

Estudante relata problemas da escola na internet e causa confusão com diretoria

Estudante de 13 anos denuncia problemas de escola pública na internet

Revista Época
http://goo.gl/pCBTdl

Revista Veja
http://goo.gl/PX9erC

Prefeitura de Florianópolis convoca reunião após aluna reclamar da escola no Facebook
'Diário de Classe', página criada por Isadora Faber, de 13 anos, narra a rotina de problemas de escola pública e já tem 64.000 fãs

Garota de 13 anos narra problemas de escola em diário na internet
Mãe e filha dizem que menina passou a sofrer represálias no colégio

Jornal Folha de S.Paulo
http://goo.gl/tjhPcU

Portal G1
http://goo.gl/Iscc9t

Aluna vira alvo ao expor escola em rede social

Isadora indelicada

Gilberto Dimenstein - 28/08/12

Portal Aprendiz – Gilberto Dimenstein
http://goo.gl/ftNkKh

Blog Petiscos, de Julia Petit
http://goo.gl/ImFIzU

Na sala de aula

Notícias no exterior

O que muito me surpreendeu é que começaram a surgir também algumas notícias de fora do Brasil. Alguns portais e jornais da América Latina deram notas sobre o Diário de Classe, e eu comecei a receber muitos comentários de gente de outros países na fanpage. Na verdade, de acordo com as estatísticas do Facebook, tinha gente de mais de 20 países olhando a página. Aqui, o que saiu no Equador, na Venezuela e no Panamá.

Equador: Jornal El Comércio
http://goo.gl/HrSyli

Fotos de escuela en Brasil publicadas en Facebook causan polémica

Adolescente brasileña publica polémico "diario de clase" en Facebook

Panamá: Portal 24 News
http://goo.gl/4BoCQj

Venezuela: Portal Informe 21
http://goo.gl/AUGztv

Adolescente brasileña publica polémico "diario de clase" en FB

A reunião com a Secretaria de Educação

Naquela terça-feira, no final da tarde, aconteceu na escola a reunião entre a Secretaria de Educação e a diretora. Algum tempo depois que terminou, saiu um comunicado, na verdade uma nota oficial, publicada pela assessoria de imprensa da Prefeitura.

Foi interessante porque a secretária de Educação, a senhora Sidneya de Oliveira, elogiou minha iniciativa, dizendo que era saudável e que meu Diário de Classe poderia funcionar como uma "ouvidoria", ou seja, um meio de eles ficarem sabendo de problemas, pois defendiam a liberdade de expressão. Disse também que iriam tomar providências sobre a demissão do professor de matemática e fazer uma reforma maior na escola.

Quem mais me surpreendeu foi a diretora da escola, que assumiu publicamente toda a responsabilidade pela má administração da escola. Disse também que eu era boa aluna e que ela nunca tinha pedido para tirar a página do ar (o que não era bem verdade), que ela só pediu para "preservar a imagem" das pessoas. Sei.

Mas foi uma grande vitória. Infelizmente, isso só aconteceu depois que a grande imprensa publicou meu caso, mas fiquei feliz do mesmo jeito, pois só mostrou que vale a pena brigar pelos nossos direitos. Eu compartilhei o comunicado no Diário de Classe e reproduzo aqui também.

Diário de Classe
28 de agosto de 2012

Olha só pessoal...

ASSESSORIA DE IMPRENSA
SECRETARIA DE EDUCAÇÃO
PREFEITURA MUNICIPAL DE FLORIANÓPOLIS
28/08/2012

Prefeitura toma providências na Escola Básica Maria Tomázia
A Secretária de Educação, Sidneya Gaspar de Oliveira, determinou uma nova reforma no estabelecimento. Defende a liberdade de expressão da aluna que criou Facebook para falar sobre as condições da unidade.

A iniciativa é brilhante, é saudável. A manifestação é da Secretária de Educação de Florianópolis, Sidneya Gaspar de Oliveira, em relação à página na internet da aluna Isadora Faber, 13 anos, matriculada na Escola Básica Maria Tomázia Coelho, no Santinho, Norte da Ilha de Santa Catarina. O Facebook, intitulado Diário de Classe, reivindica melhorias no estabelecimento de ensino. "Essa página veio inclusive nos auxiliar no monitoramento da escola. É uma espécie de ouvidoria", frisa.

A Secretária lembra que a prefeitura vem fazendo a manutenção física da unidade desde o início do ano e já começou outros serviços. Quanto à parte pedagógica, Sidneya destaca que houve incompatibilidade entre duas turmas da sétima série, numa das quais Isadora frequenta, e um professor temporário de matemática. "Após a análise da comissão avaliadora, formada por membros da escola e da Secretaria, o parecer final sobre o professor está previsto para a próxima segunda-feira". Se assim a comissão decidir, o docente poderá ser substituído.

A Secretária reforça que a linha pedagógica da rede municipal de ensino de Florianópolis defenderá sempre a liberdade de expressão. Conforme Sidneya, "além de ter como missão promover educação de qualidade que contribua para o exercício pleno da cidadania, o município proporciona o estabelecimento de relações democráticas e participativas. Diante desse desafio, os programas e projetos educacionais estão dirigidos para o fortalecimento de uma política educacional que reconheça as diferenças, fortaleça as identidades e a pluralidade de ideias, que cuide, eduque e acolha os estudantes e suas famílias, bem como promovam a socialização e a produção do conhecimento numa visão cidadã".

Gestão da escola

A Diretora da Maria Tomázia Coelho, Liziane Diaz Farias, assumiu a responsabilidade por haver em sua escola uma gestão deficitária. "Eu assumo publicamente que ocorreu fragilidade na administração do estabelecimento. Vamos a partir de agora trabalhar de forma diferente a parte administrativa e a preservação do patrimônio público".

Liziane fará um apelo à Associação de Pais e Professores para que ajudem principalmente no cuidado com a estrutura física. Haverá também campanhas para que os alunos se conscientizem da necessidade de se engajarem no zelo de todo o ambiente escolar. "Os alunos tem que saber que a participação deles é fundamental para preservar um bem público". Além disso, coloca, que vem participando de formação para criar o Conselho Escolar, que auxiliará na manutenção do estabelecimento e na gestão administrativa, pedagógica e financeira.

A diretora destaca que a Maria Tomázia possui no Índice de Desenvolvimento da Educação (IDEB) nota de primeiro mundo nos anos iniciais: 6,1. "Isto prova que estamos no caminho certo para manter a qualidade na educação". A unidade possui 25 professores, sendo a sua maioria com pós-graduação.

Sobre a Isadora Faber, Liziane faz questão de dizer que ela é uma boa aluna. "A Isadora sempre manteve as suas notas acima da média e é uma adolescente disciplinada". Complementa que em nenhum momento houve represália da direção para que a aluna tirasse a página dela na internet. O que ocorreu, esclarece Liziane, foi uma conversa com a mãe da adolescente, Mel Faber, sobre a existência do Facebook e aconselhou a não utilização de imagens de alunos, funcionários e professores da escola na página. "Cada indivíduo tem o direito de ter a sua imagem preservada", finaliza.

Providências

Nesta terça-feira, a Secretaria de Educação reiniciou a manutenção na escola. Em julho, foram trocadas 13 luminárias, que no momento já foram danificadas. Haverá também reparos nos banheiros e em outros setores da unidade. "Fizemos uma série de melhorias, mas infelizmente não houve a colaboração da comunidade escolar para evitar vandalismos, com a depredação do espaço", salienta o Diretor de Infraestrutura, Maurício Amorim Efe.

Depois do comunicado, alguns veículos de comunicação publicaram matérias comentando a nota da Secretaria da Educação e a posição da escola.

Após queixas de aluna no Facebook, diretora de escola admite 'fragilidade na administração'

Página 'Diário de Classe' atrai mais de 100.000 fãs em um dia

Revista Veja
http://goo.gl/8hS6hu

Portal IG – Último Segundo
http://goo.gl/g5LS3F

Prefeitura promete obras em escola exposta por aluna na internet

Após repercussão de página criada por estudante de 13 anos no Facebook, secretaria da Educação de Florianópolis inicia reforma

Dia puxado

Assim que consegui, publiquei no Diário de Classe que a professora de português havia pedido desculpas e que eu ia botar uma pedra em cima do assunto. Agradeci também todo o apoio das pessoas e dos jornalistas.

Diário de Classe
28 de agosto de 2012

Ontem e hoje foi puxado... muitas entrevistas mas amanhã vou a escola. Acho importante dizer que a prof. de português disse que eu não entendi direito a aula de sexta, pediu desculpas e eu aceitei. Quero agradecer a todos pelo apoio, é muito importante pra mim... Obrigada a todos.

Essa postagem gerou mais algumas reportagens, que seriam publicadas nos dias seguintes.

No final do dia, o número de seguidores quadruplicou. Eu não acreditava!

28 de agosto de 2012

139.621
seguidores

CAPÍTULO 7

As reformas na escola

Na quarta-feira de manhã, dia 29 de agosto, quando fui me aproximando da escola, vi dois caminhões enormes na frente do prédio, cheios de tintas, portas, mesas, ventiladores, luminárias, fios, espelhos, bebedouros e várias outras coisas. Muitos homens estavam descarregando e levando o material para dentro da escola, e pelo jeito as reformas iam começar. Eu sorri, por ver que a Secretaria de Educação estava cumprindo o que tinha dito. Na verdade, porque o Diário tinha conseguido mais uma vitória.

Parabéns, Diário de Classe

Assim que entrei na minha sala de aula, olhei para o quadro-negro e vi que nele estava escrito bem grande: "PARABÉNS DIÁRIO DE CLASSE!" Tinha sido feito por colegas meus, que se reuniram na sala para me esperar. Foi um momento muito bom, pela primeira vez senti que eles estavam mesmo agradecidos pelas melhorias que vinham com o trabalho da fanpage.

Muitos alunos começaram a vir até mim e a me agradecer pelo que eu havia conquistado, outros me cumprimentavam de longe, mas falavam "obrigado". Eu estava muito feliz, porque via que as coisas estavam mudando, apesar de tudo o que havia acontecido contra. E mais feliz ainda por estar recebendo o apoio dos alunos, que era algo que eu sempre quis. Finalmente, eu não estaria mais sozinha nessa "luta" pela educação.

O apoio deles iria me fortalecer demais, porque eram pessoas da minha idade, estavam do mesmo lado que eu. Aquilo serviria de grande incentivo. Quanto aos professores, funcionários e à diretoria, eles não se manifestaram, nem de maneira negativa, nem positiva. Para mim já estava bom.

Naquele dia e nos seguintes, os trabalhadores enviados pela Prefeitura instalaram bebedouros novos, trocaram todos os ventiladores, as maçanetas, consertaram os vidros quebrados, fizeram todos os reparos na fiação elétrica, arrumaram os banheiros, colocaram novas portas e tampas nas privadas, pintaram paredes, consertaram torneiras, espelhos, canos e muitas coisas mais.

Eu e vários alunos estávamos muito entusiasmados com todas as reformas. E todo mundo falava em preservar o que foi consertado, em conservar a escola arrumada e bonita. Eu postei no Diário de Classe durante alguns dias sobre tudo isso, colocando fotos.

Diário de Classe
29 de agosto de 2012

Olha o bebedouro novo funcionando.

Diário de Classe
29 de agosto de 2012

Eles estão mudando tudo que estava quebrado, estou muito feliz.

Diário de Classe
29 de agosto de 2012

Reforma

Diário de Classe
29 de agosto de 2012

Pintando

Diário de Classe
29 de agosto de 2012

Essa foi a comida de hoje. Estava muito boa.

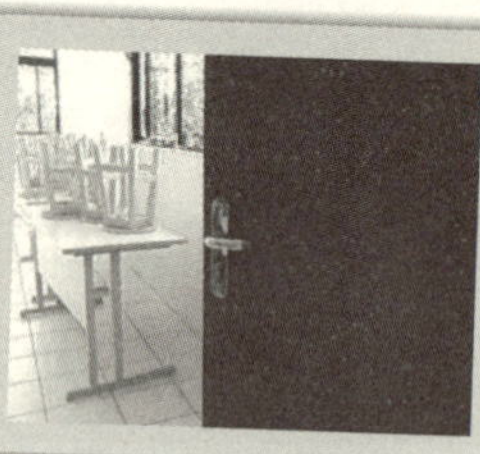

Diário de Classe
30 de agosto de 2012

Olha só a porta nova com fechadura, e pintura nova, já trocaram todas as quebradas.

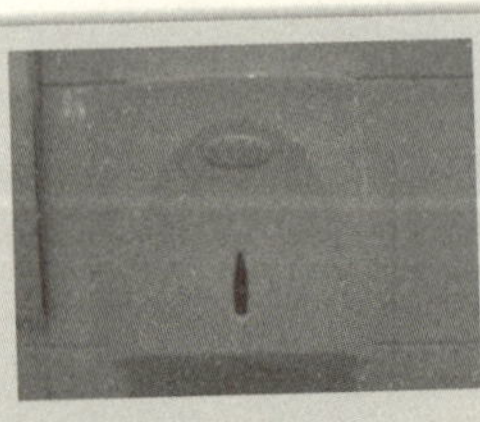

Diário de Classe
30 de agosto de 2012

Está tudo novinho, tomara que se mantenha assim.

Diário de Classe
3 de setembro de 2012

Essa é a nova fechadura, do banheiro para deficientes físicos, a escola sempre foi adequada para recebe-los. Nossa escola está ficando novinha.

Diário de Classe
3 de setembro de 2012

Os fios que estavam para fora, dando choque, já foram cobertos. Acho que não tem mais perigo.

Diário de Classe
8 de setembro de 2012

Esse e o orelhão que estava estragado, também foi arrumado, agora está muito bom

Diário de Classe
8 de setembro de 2012

Trocaram tudo o que estava quebrado no banheiro, agora tem sabão para lavar as mãos, papel e fechadura. Todo mundo ficou feliz, eu espero que haja colaboração dos alunos para não quebrar de novo.

Mais notícias na imprensa

A imprensa estava de olho em tudo o que acontecia, acompanhando pela fanpage e também entrando em contato comigo e com a minha família para manter-se atualizada. Naquela mesma tarde, eu fui convidada para fazer um bate-papo no Portal do R7 (da Record) com os internautas. Era em tempo real, mas tudo por texto (chat). Eu avisei na fanpage, e fiquei uma hora e meia respondendo as perguntas. Foi muito interessante saber o que mais as pessoas queriam conhecer.

Portal R7
http://goo.gl/xI7kXN

> **Isadora Faber**
> Criadora de página Diário da Classe, que foi notícia na semana, conversou com os internautas

Também saiu uma entrevista minha na TV RBS, que é a TV Globo na região Sul. Além disso, nesse dia, vários outros sites de revistas, jornais e portais deram a notícia do início das reformas. Algumas delas estão aqui reproduzidas. E, claro, o número de seguidores não parava de subir.

TV RBS
http://goo.gl/oo6Ss4

> **Escola de Florianópolis começa a ser reformada após exposição no Facebook**

> **'Crianças merecem ser ouvidas'**
> *Martha Paybe, de 9 anos, inspirou a catarinense Isadora Faber e declarou solidariedade à colega brasileira*

Estadão – Link
http://goo.gl/gbo7uR

Diário de Santa Maria
http://goo.gl/KgQ8kW

> Em dia tranquilo, Isadora Faber acompanhou, além das aulas, a reforma da escola em que estuda

> **Depois de reclamações de aluna no Facebook, escola será reformada**
> Secretaria de Educação de Florianópolis decidiu realizar reparos na Escola Básica Maria Tomázia Coelho

Revista Época
http://goo.gl/KRLg2S

Notícias do Dia
http://goo.gl/7q6UIh

Isadora é recebida com abraços e elogios na volta à escola, que está sendo reformada

Menina ganhou fama ao denunciar no Facebook problemas do colégio

Escola de Florianópolis ganha reforma e demite professor após denúncia de aluna no Facebook

Portal Aprendiz
http://goo.gl/0sQvIR

Blog O Educacionista
http://goo.gl/VwcHZN

A aluna, a escola e a rede

Isadora Faber volta à escola após repercussão de página no Facebook

Garota acompanhou de perto as reformas já realizadas na unidade escolar. Diário de Classe criado por ela já tem mais de 160 mil curtidas na internet.

Portal G1
http://goo.gl/ycGPuL

Portal Administradores
http://goo.gl/VDSgPP

Prefeitura de Florianópolis reformará escola de Isadora Faber

A estudante é a criadora da página 'Diário de Classe' no Facebook, utilizada para denunciar a estrutura precária do prédio da escola e o mau desempenho dos professores auxiliares

Charges nos jornais

Achei muito interessante que, durante a semana, alguns jornais locais fizeram charges muito bem boladas, falando sobre o Diário de Classe, principalmente o *Notícias do Dia* e o *Diário Catarinense*.

Diário de Classe
29 de agosto de 2012

Jornal Notícias do Dia.
Charge de Frank Maia
(www.xarjincasa.com.br)

Diário de Classe
30 de agosto de 2012

Jornal Notícias do Dia.
Charge de Luiz Mendes
(www.artesmendes.wordpress.com)

Diário de Classe
30 de agosto de 2012

Jornal Diário Catarinense.
Charge de Zé Dassilva
(http://wp.clicrbs.com.br/zedassilva/)

Funcionários da escola se manisfestam

No mesmo dia 29 de agosto, os funcionários da minha escola publicaram uma carta aberta à comunidade educativa na fanpage da escola, no Facebook. Eles se organizaram com o Sindicato dos Trabalhadores no Serviço Público Municipal de Florianópolis para tentar se defender e justificar seu envolvimento com os problemas que estavam sendo expostos no Diário de Classe. Eles disseram que não entenderam toda a repercussão que o caso teve e que estavam se sentindo "acuados, ameaçados, humilhados, entristecidos e questionados, sobre tudo o que fazemos, escrevemos e dizemos", e que "temiam por sua integridade física e moral".

Eu fiquei um pouco admirada com isso, pois era fácil entender a repercussão, já que as pessoas ficam indignadas e até muito bravas, revoltadas, quando percebem que existe mau uso do dinheiro dos cidadãos brasileiros, e que a educação pública tem problemas demais que não estão sendo resolvidos com esse dinheiro.

Se, em vez de tentar se defender, alegando que é algo contra eles, alguma coisa pessoal, eles pensassem de uma maneira diferente, veriam que, se todos se juntassem para nos manifestar a favor de uma educação pública de melhor qualidade, ninguém precisaria se sentir ameaçado por nada, e sim mais forte, para lutar pelo que vale a pena. E, aí sim, todos os envolvidos na educação seriam mais valorizados, dos funcionários aos professores. De qualquer maneira, eu reproduzo aqui a carta.

> CARTA ABERTA À COMUNIDADE EDUCATIVA
> FUNCIONÁRIOS DA E.B.M. MARIA TOMÁZIA COELHO E SINTRASEM
>
> Diante da repercussão em rede nacional envolvendo a nossa escola, viemos por meio desta esclarecer que:
> A escola está sempre aberta ao diálogo junto à comunidade escolar.
> A escola atende 632 alunos, sendo referência no ensino público de Florianópolis, alcançando o índice em 2011 de 6,1 no IDEB (Índice de Desenvolvimento da Educação Básica) pelo MEC. É uma unidade com educação de qualidade, possui uma boa infraestrutura, tem professores e funcionários dedicados. Há uma relação de amizade, respeito e confiança entre toda a comunidade escolar.
> A equipe de profissionais conta com docentes com mais de 25 anos de trabalho nesta comunidade, além de professores altamente qualificados e comprometidos com a prática educativa.
> Não entendemos o porque desta repercussão uma vez que as escolas públicas de um modo geral enfrentam os mesmos problemas e dificuldades, o que no entanto, não nos impediu de realizar nosso trabalho cotidianamente enquanto aguardávamos a resolução dos mesmos.
> Além da atual falta de valorização e reconhecimento que os professores sofrem no Brasil, outro grande problema que o professor enfrenta atualmente é o distanciamento entre escola e família.
> Estamos nos sentindo acuados, ameaçados, humilhados, entristecidos e questionados, sobre tudo o que fazemos, escrevemos e dizemos, sem que os espaços democráticos que a escola disponibiliza estejam sendo utilizados.

Estamos temendo por nossa integridade física e moral.
Precisamos do apoio da comunidade e mais segurança para conseguirmos continuar exercendo o trabalho que vem sendo realizado nesta comunidade.
Conheça melhor o trabalho desenvolvido na nossa escola através do facebook, blog, etc.:
simariatomazia.blogspot.com
www.facebook.com/E.B.M.MariaTomaziaCoelho
http://www.myebook.com/index.php?option=ebook&id=116419

Atenciosamente,
Equipe Maria Tomázia Coelho
SINTRASEM – Sindicato dos Trabalhadores no Serviço Público Municipal de Florianópolis/SC

O jornal local *Notícias do Dia* escreveu uma matéria comentando essa carta. E a revista *Veja* fez uma entrevista com a diretora da escola alguns dias depois.

Funcionários da escola de Isadora Farber pedem apoio

Eles publicaram uma carta aberta na internet

Jornal Notícias do Dia
http://goo.gl/VvYiju

Revista Veja
http://goo.gl/u3veLB

'Ainda me pergunto por que houve repercussão tão grande', diz diretora da escola de Isadora Faber

Liziane Diaz Farias, que assumiu culpa por falhas apontadas pela estudante em unidade de Florianópolis, diz caso deveria ter sido resolvido internamente

Enquanto as reformas aconteciam

29 de agosto de 2012
175.403 seguidores

No dia 30 de agosto, quinta-feira, a direção da escola resolveu organizar um passeio externo, já que as obras na escola estavam a todo vapor. Tivemos uma aula de artes no Teatro Álvaro de Carvalho, o TAC, no centro de Florianópolis, e vimos apresentações de coral, música e teatro. Eu gostei muito, tanto pela atividade, já que é muito bom variar e sair da rotina, quanto por saber que minha escola estava melhorando. Coloquei no Diário de Classe um post curto sobre o passeio:

Diário de Classe
30 de agosto de 2012

Hoje a aula tava bem legal... foi um passeio até o Teatro Álvaro de Carvalho no centro, tinha apresentação de teatro, coral, música... o teatro tava cheio...muito bom...

O curioso é que até isso era assunto para notícias, que saíam nos mais diferentes lugares. A imprensa estava mesmo acompanhando o meu caso!

"Pequena grande cidadã"

Revista IstoÉ
http://goo.gl/ReO7m7

A demissão do professor de matemática

30 de agosto de 2012
190.835
seguidores

No dia 30, saiu em vários sites e veículos de imprensa que o professor de matemática tinha sido oficialmente demitido. Mas ainda não sabiam quem iria substituí-lo. O Sindicato dos Trabalhadores Públicos de Florianópolis e alguns professores, (até uns que nem eram da minha escola) ficaram do lado do antigo professor, como era de se esperar, e disseram que a decisão tinha sido precipitada, que não tinha sido feita uma análise mais profunda, que era preciso dar melhores condições de trabalho para ele, etc. Mas eu e minha classe sabíamos que o problema era outro, nós sentíamos na pele fazia muito tempo. E a melhor solução era mesmo a que acabou sendo dada.

Diário de Classe

Decisão de afastar professor de Isadora é considerada precipitada por profissionais da área

Secretaria de Educação de Florianópolis informou na tarde desta quinta-feira a demissã

Jornal Zero Hora
http://goo.gl/YxIoZ8

Jornal Diário Catarinense
http://goo.gl/gOcsHf

Decisão de afastar professor de Isadora é considerada precipitada por profissionais da área

Professor criticado por Isadora Faber no Facebook é afastado pela Secretaria de Educação

Diário Catarinense
http://goo.gl/7hU8zi

Portal Aprendiz
http://goo.gl/Rg1G4C

Escola de Florianópolis ganha reforma e demite professor após denúncia de aluna no Facebook

Eu fiz um post sobre a demissão dele no dia 30. Fiquei bem aliviada e animada, porque o caso finalmente tinha se resolvido. Eu estava com muita esperança de conseguir aprender matemática e fiquei torcendo para que o novo professor, ou professora, fosse bom e gostasse de ensinar.

Diário de Classe
30 de agosto de 2012

To vendo nos sites que o prof. de Matemática foi afastado. Espero que venha um prof. bem legal com bastante vontade de ensinar, tinha mais de 30 alunos sendo prejudicados desde o início do ano. Vai ser como começar de novo, só que em setembro. Colegas, vamos colaborar...

No dia 1º de setembro, o jornal *Diário Catarinense* entrevistou o professor para tentar saber sua opinião sobre o ocorrido.

Diário Catarinense
http://goo.gl/FgdcCC

Professor de matemática fala sobre a polêmica no Facebook, mas não comenta o afastamento

Diários de Classe se espalham

Muitos Diários de Classe começaram então a surgir, como eu já tinha comentado em várias das entrevistas que dei. Eu já sabia de mais de 100 deles. Muitas e muitas pessoas me escreviam, tanto jovens quanto adultos, perguntando como fazer o Diário de Classe da sua escola, como gravar vídeos, como lidar com a pressão pela qual também estavam passando depois das denúncias, assim como eu, e querendo esclarecer diversas outras dúvidas.

Eu procurava responder a todas as perguntas e questões, e queria mesmo ajudar cada vez mais pessoas a ter seus Diários de Classe e poder ver melhorias, como eu estava vendo na minha escola. Alguns me pediam ajuda diretamente, e eu até comecei a ajudar, compartilhando denúncias de outros estudantes na minha própria fanpage.

Por isso, fiz algumas postagens sobre isso durante aquela semana, e no dia 31 até fiz um vídeo curtinho mostrando como era simples fazer ou publicar um vídeo na internet, para incentivar outras pessoas que estavam fazendo seus Diários de Classe.

Eu expliquei que estava lendo os comentários e que estava disposta a ajudar todo mundo que precisasse. Estava até pensando em criar um grupo para dar dicas a todos os Diários.

Diário de Classe
29 de agosto de 2012

As pessoas que quiserem fazer um Diário de Classe, criem como anônimo. Não precisa botar sua foto como eu, coloque o nome do colégio só. Quem for fazer me adicione no Facebook, me deixe mensagem avisando, com título "fanpage escolar". Vou criar um grupo e dar dicas.

Diário de Classe
29 de agosto de 2012

Cada um tem que fazer sua página, na sua escola. Eu vou ajudar a divulgar, todos juntos podemos mudar a educação no Brasil.

Diário de Classe
30 de agosto de 2012

Mal posso olhar meu recados e mensagens... muitos chegando ao mesmo tempo... obrigado a todos vcs que estão me apoiando, mas pelo pouco que vi os Diários de Classe estão se espalhando... fico muito contente...cada escola tem que tem um Diário de Classe... compartilhem essa ideia... quero uma educação melhor, não só pra mim, mas pra todos.

No dia 3 de setembro, criei o grupo "Dicas Diário de Classe" e o divulguei para que as pessoas entrassem lá, eu ia procurar ajudar todo mundo. O endereço ficou um pouco esquisito: https://www.facebook.com/groups/510161022333074. Eu gostaria que todas as escolas públicas tivessem seu Diário de Classe, porque acredito que assim podemos mudar muita coisa na educação do Brasil. No dia 4, agradeci mais uma vez o apoio.

31 de agosto de 2012

198.992
seguidores

Diário de Classe
4 de setembro de 2012

Tava lendo umas postagens e mensagens, quero agradecer a todos pelo apoio que estou recebendo. Fico muito feliz em ver que os Diários estão se espalhando, acho realmente que juntos podemos melhorar a educação pra todos. Muito obrigado mesmo a todos.

O *Notícias do Dia* publicou uma matéria sobre outros Diários de Classe que estavam sendo criados no país. Alguns meses depois, o SBT também fez uma matéria no seu programa de notícias.

Novas "Isadoras" se multiplicam pelo Brasil

Estudantes da rede pública pegam carona no sucesso da menina de 13 anos

Notícias do Dia
http://goo.gl/VBYRVD

TV SBT
http://goo.gl/B5riyi

"Diário de Classe" inspira estudantes de todo o país

Apelo aos colegas

1 de setembro de 2012

206.024
seguidores

Naquele mesmo dia, aproveitei e fiz um vídeo para pedir aos meus colegas que conservassem o que estava sendo arrumado na escola e também para preservarem o que já estava bom, para não depredarem. Eu expliquei que as coisas que estão consertadas na escola não podem ser estragadas de novo e disse que achava que quem quebra o patrimônio público tem de ter punição. Aqui em casa é assim: se eu quebro alguma coisa da minha irmã ou se ela quebra alguma coisa minha, temos de pagar da nossa mesada. E eu achava que na nossa escola não poderia ser diferente.

Alguns colegas fizeram cartazes para colocar na escola, apoiando a preservação de tudo o que foi consertado. Ainda tinha professores que diziam que a culpa era dos alunos, que depredavam por falta de educação. Por isso, postei sobre o assunto também, dando minha opinião.

Diário de Classe
3 de setembro de 2012

Meus colegas, me apoiando, na conservação da escola, que está novinha.

Diário de Classe
11 de setembro de 2012

Eu vejo aqui na minha página alguns professores que falando que eles não estão lá para educar que educação vem de casa, que eles estão lá para ensinar. Mas eles também falam que a escola é a segunda casa então acho que eles pelo menos tem que por limites "educar", senão não seriam educadores e sim ensinadores.

Diário de Classe
11 de setembro de 2012

Agora na minha escola está tudo novinho e os professores fazendo campanha de preservação. Vejo outros professores falando que são alunos que quebram, eles nos chamam de pirralhos, depredadores, pestinhas, diabinhos e etc. Mas é certo o professor ver e não fazer nada?? Existem alunos e alunos assim como professores e professores, concordo que estragar é errado, mas mais errado ainda é ver e não fazer nada.

CAPÍTULO 8

Repercussão nacional e internacional

Programa Fantástico e várias análises

Por causa de toda a exposição, da vitória com as reformas e de quase 200 mil pessoas seguindo o Diário de Classe, o programa Fantástico, da TV Globo, entrou em contato com a minha família querendo fazer uma grande matéria. Ela foi gravada na minha casa e na escola, e foi ao ar no dia 2 de setembro. Eles também conversaram antes com a escola, que autorizou a filmagem. Eu achei que ficou muito boa.

Iniciativas de alunos para denunciar más condições de escolas públicas crescem no país

TV Globo
Fantástico
http://goo.gl/2nH8E5

Depois, ao longo daquela semana, surgiram muitas matérias muito interessantes, em que pessoas de várias áreas diferentes faziam análises ou tentavam entender o "fenômeno" do Diário de Classe e também discutiam a educação no Brasil, as redes sociais e os adolescentes. Aqui coloco algumas delas, que podem ser acessadas pelos links.

Ombudsgirl

Estudante de 13 anos cobra no Facebook soluções para os problemas de sua escola pública e a repercussão leva as autoridades escolares catarinenses a se manifestarem

02 de setembro de 2012 | 3h 08

Jornal
O Estado
de S.Paulo
http://goo.gl/yDgnQP

Gazeta do Povo de Londrina
http://goo.gl/H3fEjD

» EDITORIAL

O Homo faber, aos 13

Página criada por aluna para mostrar penúria de sua escola pública obriga o sistema de ensino a conversar, sem autopiedade, com o mundo que tem direito a observá-lo

Revista Veja
http://goo.gl/TtNAlb

'Diário de Classe'

Educadores não estão prontos para lidar com 'Isadoras'

Segundo estudiosos, professores e diretores são despreparados para responder a denúncias como a da estudante que usou o Facebook

Bahia Toda Hora
http://goo.gl/rewXPc

Isadora revela mais que a escola

3/09/2012 - 0:34 | *REDAÇÃO*

Revista Época – Ruth de Aquino
http://goo.gl/uTYUq5

RUTH DE AQUINO - 04/09/2012 07h01

Isadora, vc é d+

Portal R7
http://goo.gl/VPFEhF

Isadora Faber quer mudar a educação no Brasil

Blog Social Good
http://goo.gl/OuuAG3

Educação, Iniciativas que valem

Le Monde e a divulgação internacional

Durante a semana, comecei também a sair em reportagens ao redor do mundo, na Europa, na América Latina e nos Estados Unidos. O jornal francês *Le Monde*, que é um dos mais importantes da França, fez uma matéria de destaque sobre o Diário de Classe, assim como o jornal *El Mundo*, da Espanha. Meu caso ganhou repercussão internacional, e pessoas do planeta todo passaram a acompanhar a fanpage.

Eu não conhecia a importância desses jornais, mas meus pais me explicaram, o que me deixou muito contente mesmo – e até espantada.

Eu nunca poderia imaginar que minha história ia parar tão longe, mas esta é a força das redes sociais: chegar a qualquer lugar, independentemente de idioma, país ou nível social. E, da mesma maneira que eu, no Brasil, soube da história da Martha Payne, agora várias pessoas também sabiam do que tinha acontecido com meu esforço para melhorar a qualidade do ensino no Brasil.

E essa era mesmo a força do Facebook, isso tudo confirmou o que eu tinha imaginado no começo. Como havia muita gente, do mundo todo nessa rede social, existia a possibilidade de alcançar milhares de pessoas, o que estava acontecendo de verdade. Aqui estão as matérias do *Le Monde* e do *El Mundo*, assim como outras internacionais.

França – Jornal Le Monde
http://goo.gl/jWTwPV

Le Brésil, Facebook, ses maux

LE MONDE | 30.08.2012 à 14h08 • Mis à jour le 30.08.2012 à 14h10 |

Par **Jean-Jacques Larrochelle** et C'est tout Net !

Espanha – Jornal El Mundo
http://goo.gl/do5wPZ

BRASIL | Denunció el mal estado de las instalaciones

La niña brasileña que mejoró su escuela gracias a Facebook

Espanha – Jornal ABC
http://goo.gl/5RKeQk

Una niña consigue mejorar su colegio gracias a Facebook

Isadora Faber, de 13 años, publicó un 'diario de clase' en la red social para denunciar las precarias instalaciones de su escuela pública

Espanha – Jornal Qué!
http://goo.gl/f9lhgu

Una niña consigue mejorar su colegio gracias a Facebook

Espanha – Portal It Espresso
http://goo.gl/bdKUG1

Diario de Clase: la niña que revoluciona la educación en Brasil desde Facebook

Diário de Classe
Posted on 29. Aug, 2012 by Rachel in Brazilian News, Technology

Inspired by the Scottish student who started a blog to reveal her school lunches, Isadora Faber, a 13 year-old Brazilian student from Santa Catarina, decided to try a similar project. She started a Facebook page called Diário de Classe to discuss the shortcomings at her public school in Florianópolis.

Estados Unidos – Blog Transparent Language
http://goo.gl/GZsHcx

Irlanda – International Student Magazine
http://goo.gl/alqJrM

YEAH! LAST NEWS

BRAZIL'S SCHOOL FLAWS HIGHLIGHTED BY CITIZEN ACTIVISM

YEAH! MAGAZINE - JANUARY 24, 2013 SHARE ON:

Una niña mejoró su escuela gracias a Facebook
Una brasileña de 13 años decidió denunciar las **irregularidades** de su colegio a través de la poderosa **red social**. Consiguió desde mejoras edilicias hasta expulsar a un profesor

Argentina – Infobae
http://goo.gl/654Fkt

Panamá – Factor Internacional
http://goo.gl/SDUq6D

La niña que mejoró su escuela gracias a al "diario de clases" que público en Facebook

ACTUALIDAD

Niña de 13 años mejora su colegio gracias a Facebook

Compartir Curtir 9 Tweet 2 g+1 0

Peru – Portal NetJovem
http://goo.gl/tlVh9H

Chile – Portal Las Ultimas Noticias
http://goo.gl/z2EO09

Hizo enojar a sus maestros y se ganó castigos, pero ahora es la heroína de su colegio

Isadora, la niña de 13 años que logró mejorar su escuela gracias a Facebook

Martha e Isadora

Depois de tanta repercussão, os jornalistas acabaram sabendo que minha inspiração para criar a fanpage tinha vindo da Martha Payne. Então, a filial brasileira do portal da BBC, que é um grupo de mídia inglês muito importante, me pediu para gravar um vídeo para a Martha, mostrando minha cidade, minha escola e meu dia a dia, e pediu para a Martha fazer a mesma coisa. A reportagem ficou muito boa, e o link está a seguir.

3 de setembro de 2012

221.205 seguidores

A filial da BBC na Escócia traduziu a reportagem para o inglês e publicou. A *Veja*, *O Estado de S. Paulo* e outros sites também fizeram matérias sobre nós duas que eu achei muito interessantes.

BBC de Londres (em português)
http://goo.gl/nyfEme

Críticas a escolas unem blogueiras mirins de Brasil e Escócia

Jefferson Puff
Da BBC Brasil, em São Paulo
Atualizado em 1 de setembro, 2012 - 12:37 (Brasília) 15:37 GMT

BBC da Escócia
http://goo.gl/NHRY5c

How a Scottish school blogger helped reform a Brazilian school

By Jefferson Puff
BBC Brasil, Sao Paulo

Revista Veja
http://goo.gl/M9XJn4

Recomendar 35 | +1 0 | Tweet 25 | Share | Pin it

Entrevista: Martha Payne

Inspiração da estudante Isadora Faber veio da Escócia

Garota de 9 anos criou blog para criticar a qualidade da merenda de sua escola. O resultado: 8 milhões de visitas e 356.000 reais para caridade

Portal EBC
http://goo.gl/Y3zRXU

Infantil > Já sou grande

Críticas a escolas unem blogueiras mirins do Brasil e da Escócia

Compartilhar | Tweet 0 | +1 0 | URL FIXA: http://ebc.com.br/2012/09/criticas-a-escolas-unem-b

CAPÍTULO 9

A festa durou pouco

A festa foi muito boa, pena que durou muito pouco. Toda a comemoração e o apoio dos alunos na escola por causa das reformas passou em menos de uma semana, apesar da repercussão mundial. Em poucos dias, os professores e a direção já estavam em campanha aberta contra mim, influenciando os alunos.

Uma colega da 8ª série tinha parado de falar comigo fazia algum tempo, tinha se afastado. Não havia acontecido nada na verdade, mas eu tinha certeza que era por causa do Diário de Classe. Uma noite, ela chegou de surpresa na minha casa, dizendo que estava lá escondida da família e que ninguém poderia saber, porque os pais a tinham proibido de chegar perto de mim na escola e de conversar comigo. Mas ela achava ótimo tudo o que eu estava fazendo, achava certo, e queria me apoiar, mas não ia falar comigo na escola porque tinha medo do que poderia acontecer com ela. A turma inteira dela estava contra mim, e ela não queria confusão, mas precisava me contar uma coisa muito grave que estava acontecendo. Pedi para filmar o que ela ia contar, já que era tão sério, e ela concordou. Eu tenho essa gravação, mas nunca divulguei.

Campanha contra

Minha colega me disse que, naquele dia, na escola, uma pessoa da administração passou nas salas de aula das

8ª séries para falar sobre mim. Quando minha colega viu que era isso, começou a filmar com o celular. Ela me falou que essa pessoa disse para as turmas que o que eu fazia estava desmoralizando a escola, prejudicando o trabalho dos professores e da direção, que eu só levava coisas ruins para lá, que eu tumultuava com a imprensa, e que eles, como adultos, não podiam fazer nada, porque eu colocaria na internet, mas que os alunos podiam tomar "providências" e me dar uma "lição". Afinal, mesmo se eles me batessem, nada ia acontecer, pois eram menores de idade, e talvez isso ajudasse a me fazer parar com o Diário de Classe.

Só que ela me disse também que alguém percebeu que ela estava filmando e falou para o professor, que tomou o celular dela e apagou a gravação. Ela disse que ficou inconformada, revoltada, e decidiu que ia me contar tudo. Chegou até a chorar. Eu fiquei muito triste e chateada, só que não podia fazer nada, pois não havia provas. Mas lhe agradeci muito por ter me contado, e minha mãe, que estava junto ouvindo ela falar, também agradeceu e disse que iam ficar todos atentos.

Toda aquela propaganda contra deu certo. Voltaram as caras feias dos alunos, dos funcionários e dos professores, e a pressão psicológica aumentou. Até então, eu não tinha recebido nenhuma ameaça direta, eram só "conversinhas". Alguns alunos até diziam que tinham vontade de me bater, e depois de um tempo as coisas começaram a ficar realmente sérias. Eu não passava mais o recreio sozinha, tinha um grupo de amigos que estavam sempre comigo, mas na hora em que alguém vinha me criticar, eles sumiam do meu lado e só me encontravam depois.

Passei a não ir mais embora sozinha para casa, por precaução. Alguém tinha que me acompanhar, meu pai, minha mãe ou minhas irmãs. Eu tentei levar o dia a dia normalmente, na medida do possível, fazendo o máximo para aproveitar as aulas e a escola, e continuei postando no Diário de Classe, sem me deixar intimidar.

A nova professora de matemática

A nova professora de matemática finalmente começou a dar aulas e a assumir as turmas do antigo professor. No primeiro dia, em vez de passar matéria diretamente, ela fez uma reunião (que tinha convocado antes) com alunos e pais, para que todos pudessem conhecê-la – uma atitude diferente que me deixou bem contente e com boas expectativas. No primeiro dia de aula mesmo, ela passou um filme que tinha muita relação com o que estávamos passando. Fiz posts sobre isso.

Diário de Classe
3 de setembro de 2012

Hoje tivemos uma reunião, com a nova professora de matemática Sandra. Ela convocou pais e alunos para irem até lá conhece-la. Fiquei muito satisfeita com ela, parece muito responsável, acho que realmente vamos começar a aprender de verdade, estou muito feliz, espero que todos meus colegas colaborem.

Diário de Classe
4 de setembro de 2012

Hoje tivemos aula com a professora nova, ela passou um filme chamado "Nenhum a menos" falava de uma menina de 13 anos, que não sabia nada e tinha que substituir um professor, de uma escola bem pobre. Estava muito legal, gostei.

Enquanto isso, saía na mídia que o professor de matemática afastado estava pensando em entrar na justiça por tudo o que tinha acontecido.

Diário Catarinense
http://goo.gl/FpT24m

| 02/09/2012 22h45min

Professor de Isadora Faber afastado após críticas no Facebook pretende entrar na Justiça contra Secretaria de Educação
Aloisio José Battisti deve entrar com ação contra a Secretaria de Educação de Florianópolis

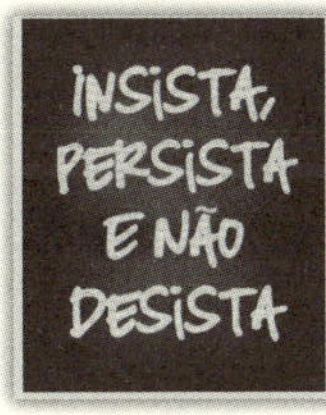

Diário de Classe
4 de setembro de 2012

Eu sempre uso essa frase – compartilhei.

Presente especial

No começo do mês, entrou em contato com minha mãe o jornalista Gilberto Dimenstein, fundador da ONG Cidade Escola Aprendiz, de São Paulo, que trabalha com inclusão social pela educação. Ele contou que eles estavam acompanhando meu trabalho com o Diário de Classe e que no dia 4 de setembro ia acontecer uma comemoração de 15 anos da ONG, e queriam que eu participasse como convidada especial.

Minha mãe agradeceu muito e explicou que eu não poderia ir até São Paulo. Então ele sugeriu que eu participasse por videoconferência, pela internet, e nós topamos. Eu falei pela webcam para todo mundo durante a festa. Lá, o maestro João Carlos Martins e o arquiteto Rui Ohtake receberam prêmios e homenagens por seu trabalho na comunidade. O Gilberto Dimenstein me disse que eles queriam me dar um troféu, mas que ia ser inútil para mim, então preferiam me dar uma ferramenta de trabalho: um notebook. Eu fiquei feliz demais, foi um presente especial. Eu nunca tinha tido um computador só meu, e o notebook que ele me deu é o que eu uso até hoje, é o que estou usando agora para escrever.

Site da ONG Cidade Escola Aprendiz
http://goo.gl/O7MhRg

Aprendiz comemora 15 anos de reinvenções da cidade
13/09/12 - Redação

São Paulo e o programa do Danilo Gentili

Na tarde do mesmo dia, 4 de setembro, recebemos um telefonema de uma pessoa que disse ser da produção do programa Agora é Tarde, do Danilo Gentili, na TV Bandeirantes. Ela disse que queria me convidar para participar do programa porque o assunto que eu tinha levantado era muito importante, e o Danilo queria fazer uma entrevista comigo. Topamos, apesar de eu já ter ficado um pouco nervosa, porque nunca imaginei que iria a um programa de entrevistas na televisão. A produção pagaria as passagens e o hotel (para mim e para minha mãe), e seria a primeira vez que eu iria a São Paulo. Viajaríamos na sexta-feira, dia 6, à tarde, e voltaríamos no dia seguinte – eu nem precisaria perder aula.

Depois da escola e do almoço, fomos para o aeroporto. Chegando em São Paulo, um motorista da Band foi nos buscar e já nos levou direto para lá. Achei a cidade muito grande e diferente, e foi muito legal poder conhecer uma emissora de TV por dentro. Fomos direto para um camarim que eles tinham preparado para mim e onde fui muito bem tratada. Tinha chocolates, balas, chicletes, frutas, sanduíches, e as pessoas tiveram muita paciência comigo, porque na verdade eu estava muito assustada.

Apesar de o programa ser ao vivo, eles iam gravar a minha parte. Mas, mesmo assim, eu fiquei muito, muito nervosa. Eu tremia e cheguei até a chorar antes, porque tudo era muito grande, o estúdio era gigante, a plateia estava cheia... Eu nunca tinha visto nada daquilo e fiquei apavorada. Eu era muito tímida, era difícil para mim falar, ainda mais com uma pessoa famosa. E eu pensava: "Imagina se eu não conseguir falar? Eles pagaram avião, hotel, tudo, já pensou que vergonha se eu não der a entrevista?". Antes de gravar, teve uma hora que minha mãe até saiu do camarim e me deixou com as pessoas da produção, para eu conversar e me acalmar.

De repente, o Danilo Gentili entrou e começou a conversar comigo. Ele fez brincadeiras, riu, e me ajudou a me tranquilizar. Ele disse que só usava tênis, como eu, mesmo com terno, e nós dois estávamos usando um parecido. E disse para eu não ficar nervosa, porque tinha adultos que ficavam bem mais nervosos que eu, só que com eles era mais fácil, porque ele resolvia dando um uísque, e comigo não tinha como. Eu ri e fomos gravar. Na hora de entrar no palco, o Danilo me pegou no colo e me colocou na cadeira. Eu falei pouco, mas, no fim, a entrevista saiu boa, eu acho. Dá para assistir pelo link abaixo.

Programa Agora é Tarde – Danilo Gentili
Rede Bandeirantes
http://goo.gl/gVHcwi

Depois que acabou, o motorista nos levou para o hotel, que ficava a meia quadra da avenida Paulista, a mais famosa da cidade. No dia seguinte, depois de tomar café da manhã, saímos para conhecer a Paulista. Era feriado, e tinha muita gente na rua. A avenida era enorme, e fiquei impressionada com a quantidade de bancas de jornal que existiam lá, porque em Floripa tem muito poucas!

Andamos um pouco pela avenida, que tem calçadas bem largas. Entrei em uma livraria muito bonita e em algumas lojas. E fiquei bastante surpresa de algumas pessoas me reconhecerem na rua. Elas chegavam perto, perguntavam se eu era a Isadora Faber, diziam que seguiam o Diário de Classe e pediam para tirar foto! Tinha até um casal de fora da cidade que disse que tinha assistido ao programa. Depois, já fomos para o aeroporto, porque o voo era às 2 horas da tarde.

Foi tudo ótimo e eu adorei São Paulo, me senti tão em casa quanto em Floripa. Na volta, muitas pessoas comentaram na escola e no Diário de Classe também, o post do Danilo Gentili teve muitas curtidas.

Projeto Escola Cidadã

Na semana seguinte, no dia 12, a secretária de Educação, a senhora Sidneya, foi pessoalmente à minha escola para lançar o projeto Escola Cidadã de Florianópolis. Foi a primeira escola da cidade a ter o projeto, por causa da repercussão do Diário de Classe. Ele tinha sido feito para ajudar a criar mais conselhos escolares e associações estudantis e de pais, para discutir a importância de preservar o patrimônio público, evitar depredações e aproximar pais e alunos das escolas.

Achei bem importante e fiz um post. Aquilo também era resultado do trabalho com a fanpage, e era bom porque todas as escolas públicas da cidade seriam envolvidas. No mesmo dia, o *Diário Catarinense* publicou uma matéria sobre isso.

Diário de Classe
12 de setembro de 2012

Hoje a professora de ciências não foi. Na aula dela, como "auxiliar", a Secretária de Educação, Sra. Sidneya, foi na escola lançar o projeto Escola Cidadã, para reforçar a integração entre colégio, comunidade, professor e alunos, minha escola foi a primeira da rede de 36.

Diário Catarinense
http://goo.gl/emCFCk

| 12/09/2012 10h30min

Após denúncias de Isadora Faber, escolas municipais recebem projeto Escola Cidadã em Florianópolis

Escola Básica Maria Tomázia Coelho será a primeira a receber a campanha

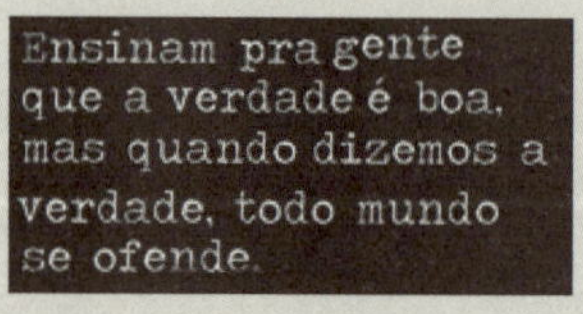

Diário de Classe
12 de setembro de 2012

Achei legal...

Intimação policial

15 de setembro de 2012

250.444 seguidores

Somente duas semanas tinham se passado desde a reforma da escola, quando, no dia 17 de setembro, uma viatura da polícia militar parou na frente da minha casa. Um policial desceu, tocou a campainha e perguntou se eu estava. Minha mãe atendeu e disse que eu tinha saído. Então ele entregou a ela um papel: uma intimação policial para comparecer à delegacia no dia seguinte, às 14h30 – direcionada a mim!

Meus pais ficaram surpresos e assustados e, quando cheguei, me contaram o que havia acontecido. Também fiquei surpresa, nem sabia que poderiam intimar um menor de idade. Fui então, no dia seguinte, junto com meu pai, na 8ª Delegacia de Polícia da cidade, na hora marcada. Chegando lá, soubemos que havia sido feito um B.O. (boletim de ocorrência) pela professora de português, me acusando de calúnia e difamação.

Quando eu soube, estranhei muito, fiquei bastante surpresa, porque para mim o assunto já estava encerrado desde o início do mês, quando ela me pediu desculpas. Eu tinha aceitado e até publicado no Diário de Classe, como contei.

Eu nunca tinha entrado em uma delegacia antes, mas lá todos me trataram muito bem, talvez por eu ser adolescente ou já ser conhecida. Estava cada vez mais complicado manter o Diário de Classe no ar, só que eu não ia desistir.

Aquilo também serviu para eu ver que as pessoas falam uma coisa, mas no fundo elas estão sentindo e pensando em outra coisa muito diferente. Eu reproduzo a intimação aqui, apagando as informações pessoais.

ESTADO DE SANTA CATARINA
SECRETARIA DE ESTADO DA SEGURANÇA PÚBLICA
DELEGACIA GERAL DA POLÍCIA CIVIL
8ª Delegacia de Polícia da Capital

Registro: 494.12.07278

BO: 6840/2012

FLORIANÓPOLIS, 17/09/2012

INTIMAÇÃO Nº 826/2012

, Delegado de Polícia Civil da 8ª Delegacia de Polícia da Capital, no uso de suas atribuições, e na forma da lei,

INTIMA

ISADORA FABER, RG , solteiro, com endereço na , FLORIANÓPOLIS/SC (FUNDOS DO) (Tel:48) a comparecer na **8ª Delegacia de Polícia da Capital**, localizada na Rodovia SC 403, KM 06, 5230, Ingleses, FLORIANÓPOLIS/SC, no dia **18 de setembro de 2012**, às **14:30h**, para ser ouvido no procedimento acima referido, como outro envolvimento.

Esclarecimentos:

- O não comparecimento implica no crime de desobediência, previsto no Código Penal. **Art. 330. Desobedecer a ordem legal de funcionário público: Pena - detenção, de 15 (quinze) dias a 6 (seis) meses, e multa.**
- Comparecer no local portando o CPF e a Carteira de Identidade, ou outro documento de identificação (com foto), além desta intimação.
- Falar com: ( )
- A Sra. .... ou outro representante legal deverá comparecer nesta Delegacia acompanhados juntamente com Isadora.

Recebi a intimação Nº 826/2012 em ____/____/____
BO: 6840/2012
18 de setembro de 2012-14:30h
Falar com:

ISADORA FABER

17/09/2012 - 10:09:34

O mais irônico de tudo foi que, antes que eu soubesse daquela intimação, na última aula, a professora de português sugeriu que todos os alunos lessem o regimento interno, com destaque para os itens 8 e 9, que me parecem mais censura.

Ela já estava justificando por antecipação o B.O. que tinha feito, mas que eu ainda não sabia (iria saber no dia seguinte). Em casa, eu li novamente o regimento, com mais atenção. Lá estava escrito que os alunos deveriam receber medidas socioeducativas disciplinares se desrespeitassem aqueles itens.

E que em último caso, seriam encaminhados para o MPSC (Ministério Público de Santa Catarina). Só que eu não sofri nenhuma medida socioeducativa antes, fui parar direto na delegacia mesmo, como uma criminosa.

Acho que a professora deveria ter lido melhor o regimento também, pois havia muita coisa para ela fazer antes, se é que estava mesmo interessada em me disciplinar. Copio aqui essa parte do regimento.

1.2. É vedado aos alunos:

1. Entrar ou sair de sala de aula sem permissão do professor;
2. Entrar em espaços de utilização restrita aos funcionários sem autorização;
3. Permanecer em sala de aula durante o recreio;
4. Ocupar-se durante as aulas de qualquer atividade estranha a elas;
5. Promover algazarras nas dependências e imediações da Unidade Educativa;
6. Trazer/utilizar bola ou qualquer outro tipo de objeto que venha a promover tumulto nos espaços de uso coletivo, inclusive no horário do recreio, salvos os casos em que o material for solicitado pelos professores para atividade com fim específico;
7. Impedir a entrada de colegas na Unidade ou incitá-los a ausência coletiva ou não ás aulas;
8. Levantar injúria ou calúnia contra colegas, professores ou funcionários, bem como praticar contra eles, atos de violência de qualquer espécie;
9. Promover ou participar de movimento de hostilidade ou desprestigio a unidade ou ás Pessoas que nela trabalham, inclusive por meios eletrônicos (internet, celulares);
10. Introduzir ou fazer uso de bebidas alcoólicas, cigarros, entorpecentes ou psicotrópicos nas dependências e imediações da Unidade escolar;
11. Sair da sala de aula para atender telefonemas, bem como outros casos (conforme Lei nº 14.363/08);
12. Consumir na Unidade Educativa, balas, chicletes, pirulitos, refrigerante, salgadinhos e/ou qualquer outro tipo de alimento e bebida de baixo teor nutritivo (conforme portaria 038/2010), e ainda, em sala de aula, será permitido apenas o consumo de água;
13. Desresponsabilizar-se pelo seu desenvolvimento psicossocial e cognitivo não respondendo ás exigências do processo pedagógico.

1.3. Medidas Sócio-Educativas

Mediante o não cumprimento das regras acima citadas os alunos estarão sujeitos as seguintes medidas sócio educativas disciplinares, dependendo da gravidade da situação:

1º Advertência verbal;
2º Comunicação aos pais;
3º Termo de Compromisso Disciplinar firmado entre a Escola, Responsáveis e o Aluno;
4º Advertência escrita devidamente assinada pelos responsáveis e aluno;
5º Suspensão de até 03 dias, com atividades pedagógicas a serem cumpridas;
5º Encaminhamento ao MPSC para aplicação de sansão, medida sócio educativa ou proteção (no caso de maiores de 12 anos) e ao conselho tutelar ou outras entidades (no caso de menores de 12 anos).

O caso do B.O. foi contado em várias matérias na imprensa, inclusive fora do Brasil. Os jornalistas ficavam sabendo pelo Diário e espontaneamente vinham atrás de mim, para saber das notícias e divulgar. Algumas matérias estão com o link aqui.

> Aluna do blog Diário de Classe é obrigada a ir à delegacia
>
> **Isadora Faber, que ficou conhecida por denunciar problemas de sua escola no Facebook, prestou esclarecimentos por causa de BO registrado por professora**

Revista Veja
http://goo.gl/6Nm9fg

Revista Veja
http://goo.gl/ImXT1p

> Secretaria de Educação de Florianópolis não vai intervir em ação de professora contra a menina Isadora
>
> **Docente registrou boletim de ocorrência em que acusa a estudante de 13 anos, que mantém a página 'Diário de Classe', de calúnia e difamação**

> **Isadora Faber presta depoimento à polícia após professora denunciá-la por calúnia e difamação**
>
> Estudante que criou o Diário de Classe para denunciar problemas de escola pública no Facebook compareceu à delegacia acompanhada do pai

Revista Época
http://goo.gl/P6io8U

Portal Aprendiz
http://goo.gl/92i7HN

> **Criadora do 'Diário de Classe' é acusada de calúnia e difamação**

> **Isadora Faber depõe após BO de professora**
>
> **A professora de português da garota registrou um Boletim de Ocorrência por calúnia e difamação**

Rede Bandeirantes de Notícias
http://goo.gl/M3FPrl

Worldcrunch
http://goo.gl/YLvmwE

> **In Brazil, A 13-Year-Old's Facebook School Diary Earns A Visit From The Cops**

Mais represálias

Enquanto isso tudo acontecia, outros professores se manifestavam contra mim na fanpage. Uma professora escreveu que eu era uma ótima aluna, mas agora eu estava ficando burra, e que ela desejava que eu seguisse apenas os caminhos sombrios da vida, e que ela sabia que eu nunca encontraria a felicidade. Na escola, uma outra professora solicitou licença médica, alegando que o Diário de Classe tinha "tirado ela do eixo". Achei uma bela desculpa para ela passar um tempo fora da escola.

E não eram apenas as professoras que se manifestavam contra o Diário de Classe. As faxineiras também. Quando algum jornalista ia até a escola, querendo gravar, elas corriam atrás deles com uma vassoura, "tocando-os" de lá, ou jogavam lixo no câmera. Aliás, uma faxineira já tinha corrido com a vassoura na mão atrás da minha irmã Duda, que tinha ido me levar na escola. E ela ameaçou uma menina e não quis deixá-la chegar perto de mim.

Também não era só eu que estava sendo ameaçada e sofrendo represálias dos professores. Alguns amigos meus me mandavam mensagens pelo Facebook dizendo que me apoiavam, mas que alguém da escola tinha ligado para seus pais dizendo que, se me apoiassem, eles iriam ser detestados pelos colegas. Por isso, eles não poderiam me ajudar abertamente nem se manifestar a meu favor. Eles tinham que concordar com os professores, pois estavam com muito medo.

Força para continuar

Essas coisas me entristeciam bastante, mas nada me afetava o bastante para me fazer desistir do Diário de Classe, ou para me fazer sair daquela escola. Na verdade, eram os muitos comentários que eu recebia que me faziam acreditar que eu estava fazendo o certo e que deveria ser firme. Eu chegava desanimada da escola, com tanta gente contra, me atacando, mas em casa me animava lendo aquele monte de mensagens legais. Eram centenas de recados e textos como estes que reproduzo aqui, omitindo os remetentes.

> "Menina linda, fiquei sua fã! Confesso que é um alento saber que jovens como vc estarão, muito brevemente,

assumindo "o posto", em nossa política, nossa educação, nossa produção, enfim, na condução desse nosso país tão sofrido e descrente. Que Deus permita que muitos sejam e cresçam com essa maturidade e senso ético, com cidadania e responsabilidade. Parabéns!"

"Garota, fiquei impressionada com tua iniciativa! Na verdade, isso vai além de uma simples iniciativa. Você levanta de fato a bandeira de 'todos pela educação'. Você é muito jovem e com o sentimento de militância que impressiona. Sei que não deveríamos nos impressionar com o que se faz de correto, mas, dadas as circunstâncias atuais, seu posicionamento é sim digno de apreciação, divulgação e adesão. Como você, eu estudei em escola pública nos últimos cinco anos da minha formação escolar básica. Sempre me indispus com um ou outro por querer mudanças na escola, já que eu era uma inconformada com a realidade que todos os dias eu tinha que enfrentar. No entanto, minha voz foi muito tímida diante de tudo o que você vem fazendo. Sei que é fácil dizer para a outra pessoa continuar quando é ela que está sofrendo as situações contrárias e as críticas alheias, mas olha...mantenha-se firme. Com certeza novos alunos se aliarão a você para que a realidade da educação no Brasil seja a preservação total dos direitos a cada cidadão. Seu posicionamento faz-me crer que ainda há esperança!!! Grande Beijo."

Para cada crítica que eu recebia, vinham uns cinco ou dez comentários de incentivo. Eles eram muito significativos para mim. E mesmo eu não conseguindo responder todos como gostaria, eles me ajudavam muito mesmo e me davam força para continuar.

CAPÍTULO 10

A saga da pintura da quadra: caso de polícia

A escola já havia recebido muitas reformas e consertos, mas ainda tinha algumas coisas para fazer, como trocar um brinquedo no parquinho e os bancos do refeitório. Mas o assunto que mais incomodava era a pintura da quadra de esportes, que ainda não tinha sido feita. Nos dias 13 e 14 de setembro, eu postei sobre isso.

Existia uma promessa anterior da escola de que a quadra seria coberta, o que nos permitiria ter aula de educação física mesmo em tempos de chuva ou de sol forte. No verão, o calor e o sol em Florianópolis são bem fortes, e, se não usarmos protetor solar, podemos ficar com queimaduras.

Diário de Classe
13 de setembro de 2012

Hoje na aula de educação física tivemos que limpar a quadra de rodo, porque tinha chovido e estava com barro e poças de água. A quadra ainda não foi pintada e nem coberta. Se ainda estivesse chovendo, não iriamos ter aula prática.

Diário de Classe
14 de setembro de 2012

Ontem à noite, estava chovendo e a quadra estava molhada de novo. Estávamos limpando com rodo e decidi mostrar pra vocês como ela fica nos cantos.

O pintor não aparecia

Comentei com meus pais que achava estranho que todas as reformas tinham sido feitas, menos a da quadra de esportes. Então ele foi até a diretora perguntar o que estava acontecendo, por que a pintura não saía.

A diretora disse que tinha pagado o pintor fazia mais de dois anos, mas ele ainda não tinha feito o serviço. A tinta até estava na escola, durante esse tempo todo, mas ele não aparecia. Na verdade, não sabíamos nem o nome dele, a diretora não falava.

Mas dois anos? E ninguém cobrou dele a pintura esse tempo todo? Se ninguém cobrava, eu ia cobrar. Fiz um post no dia 20 de setembro e também gravei um vídeo nesse dia para falar sobre a quadra.

Diário de Classe
20 de setembro de 2012

Meu pai vem falando com a diretora da escola há duas semanas, desde que eu falei com ele que estranhei que as reformas foram feitas e a quadra da escola continuava igual. Ele foi perguntar se tinham esquecido ou o que aconteceu. Ela informou que contratou uma empresa local para fazer o serviço há mais de 2 anos, PAGOU pelo serviço adiantado mas até agora nada. Questionada qual nome da empresa, ela simplesmente nega informar, dizendo que está tudo resolvido e que possivelmente dentro desse mes o trabalho será realizado. Importante salientar que o material já foi comprado e esta à disposição na sala dela.

Agora, ser conivente com essa situação, preservar uma empresa que não tem o menor respeito com a escola e com os alunos que nela estudam, que já recebeu há mais de 2 anos e ainda não fez o serviço é realmente muito estranho. Por que isso? Por que não diz quem é essa empresa que cobrou e não prestou o serviço?

A verba e a Associação de Pais e Professores (APP)

Meu pai também conversou com a diretora sobre algo que a secretária de Educação tinha comentado, que toda escola da cidade tinha direito a pelo menos 16 mil reais para manutenção a cada dois meses, e isso chamava Verba Descentralizada. Essa verba podia ser recebida pela Associação de Pais e Professores (APP), e para isso a prestação de contas da escola tinha que estar em dia.

Só que havia dois problemas. O primeiro era que a secretária de Educação tinha dito que minha escola não tinha prestado contas direito dos gastos do ano anterior, 2011, e por isso não poderia ter acesso a esse dinheiro. E minha escola não tinha uma APP que funcionasse havia mais de um ano – mais um motivo para não ter direito ao dinheiro. Mas e o dinheiro de 2011, pra onde tinha ido? Os pais e os alunos tinham o direito de saber. Se ele não foi usado para fazer os consertos (já que estava tudo quebrado, né?) foi usado para quê?

Meu pai pesquisou alguns sites e neles isso está explicado direitinho (os links estão logo aí). Viu também no site do Ministério da Educação que também existia outra verba do governo federal para a manutenção das escolas, o Programa Dinheiro Direto na Escola. No site da Secretaria da Educação, está explicado pela senhora Sidneya, inclusive, que as reformas que foram feitas na minha escola aconteceram independentemente do dinheiro da Verba Descentralizada. No mesmo dia 20, pedi para meu pai me ajudar a fazer dois posts explicando isso.

Diário de Classe
20 de setembro de 2012

Vale lembrar que no final de agosto a Secretaria da Educação disse: “Segundo um levantamento, a escola tem uma pendência junto à prefeitura, o que impede que ela faça o saque de 16.000 reais a quem tem direito para a manutenção. Isso ocorre porque a direção não prestou contas de seus gastos em 2011." Está na hora da prestação de contas, transparência, onde esta indo o dinheiro e, mais importante ainda, que foi feito com esse dinheiro que não foi prestado contas? Por favor diretora, explique para todos o que esta havendo... esse espaço está à sua disposição para as explicações. (Esta postagem tem o apoio e participação do meu pai).

Diário de Classe
20 de setembro de 2012

Gostaria que a direção da escola me explicasse por que não tem APP (Associação de Pais e Professores) há mais de um ano? Para a escola receber a verba descentralizada da Prefeitura a cada dois meses precisa de uma APP... Será que a diretora não sabe disso? Está no site da Prefeitura, fácil de achar... Assim, fica fácil entender por que a escola estava naquele estado. A verba vem via APP e não tem uma APP na escola? Como explicar? Têm recursos à disposição mas não tem competência para administrar... só entendo assim. E as verbas do PDDE (Programa Dinheiro Direto na Escola)? É uma verba federal que a escola tem direito. Onde está esse dinheiro? Quero saber... Depois sou eu que vou parar na delegacia... é justo? (texto com apoio e supervisão do meu pai)

Diário de Classe
20 de setembro de 2012

Será esse o motivo para funcionários ficarem fazendo cara feia? Será que é por isso que nenhum professor e funcionário da escola não curtiu minha página? Será que é por isso que alguns alunos ficam zoando da minha cara e os funcionários não fazem nada além de rir? Será que a prestação de contas da escola tem algo a ver com isso? Onde está o dinheiro? Pq as contas não foram aprovadas? Acho que chegou a hora de todos sabermos.

Site da Prefeitura de Florianópolis
http://goo.gl/WVS94Q

31/08/2012 - Educação

Escolas municipais têm verba descentralizada

Unidades recebem a cada dois meses dinheiro para manutenção predial

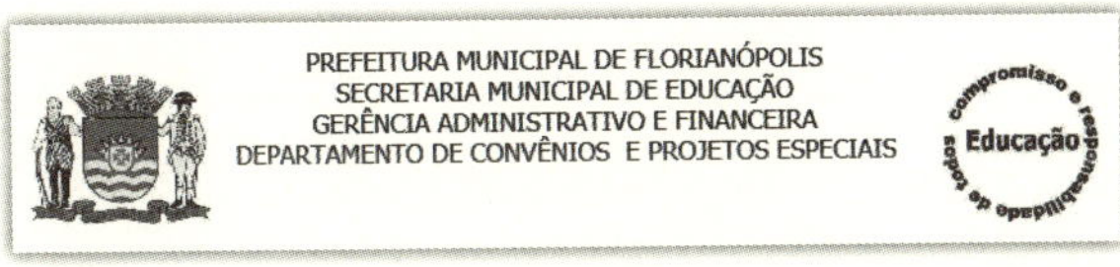

Secretaria de Educação de Florianópolis
http://goo.gl/jkXwBy

Site do Ministério da Educação
http://goo.gl/C6S9u0

Apoio da Joice

20 de setembro de 2012

295.464 seguidores

No dia seguinte, a mãe do Pedro, um colega meu, a Joice da Rosa, de quem já reproduzi um post aqui, publicou em sua página no Facebook sobre o Diário de Classe, sobre o que acontecia na escola, e sobre seu apoio. Eu compartilhei e copio aqui.

Diário de Classe
21 de setembro de 2012

Joice da Rosa

Queridas Isadora Faber e Mel Faber, estou começando e me preocupar... Hoje o Ricardo Silveira, meu marido, como tu sabes, foi buscar os guris na Ebm Maria Tomázia Coelho, e foi interpelado pelo 'Sr. Pedro", se dizendo da Secretaria de Educação (vejo que ele não conhece os pais que estão presentes todos os dias), falando que o que estava acontecendo já era demais. Porque a mãe da Isadora Faber tinha levado a imprensa na escola de novo, causando tudo de novo. A diretora estava passando mal em função de tudo, os professores estão chateados, e a escola "era muito boa". E que a quadra não poderia ser coberta pois teria problemas ambientais. O Ricardo, então, disse que sabia de tudo, pois foi muito presente, até indo na construção da escola. Que ela era boa, mas funcionalmente tinha problemas físicos. E que,

de mais a mais, todas as melhoras tinham vindo em função do blog da Isa.
Aí, então, meu marido falou com uma menina da 8a série, e ela comentou que essa mesma pessoa passou em sua turma hoje e "pediu" (entre aspas) que não apoiassem o blog Diario dę Classe, nem olhassem, pois isso estaria dando ibope para a Isa. Por que os alunos nao devem ver o blog? Por que nao devem saber o que está acontecendo? Devem continuar a ser alienados? Pergunto: por que não foram na sala do Pedro, meu filho, que é da 7a série? Bah.
Mel, isto é cerceamento de ideias, é colocar mordaças em pessoas, não deixar as pessoas pensarem, pq? Até quando o patrulhamento ideológico vai perdurar? Não quero sorrisos para os meu filhos, quero profissionais qualificados para ensinar. Educação, digo e repito, vem de casa, e todos na escola sabem que, lá em casa, respeito é bom, e só tem direito que tem deveres. Sou presente, todos os dias eu levo e o Ricardo busca, então me coloco, mais uma vez, A FAVOR DO DIÁRIO DE CLASSE. Mas SEI QUE TEM POUCOS PAIS APOIANDO PESSOALMENTE, MAS EU ESTOU CANSADA DE TUDO ISSO. Fica a dica!!!

O pintor e as ameaças

No dia 24, postei novamente sobre a pintura da quadra, pois parecia que ela ia começar. A diretora finalmente me contou o nome do pintor, disse que ele se chamava Francisco e que ele estava doente, por isso não tinha ido fazer o trabalho (há dois anos? Deixa pra lá...). As tintas iam vencer em dois meses, mas já estavam compradas havia dois anos! Também comentei de alunas que ameaçaram me bater e que ficaram me xingando e dizendo que eu tinha que tirar a fanpage do ar.

21 de setembro de 2012

300.813 seguidores

Diário de Classe
24 de setembro de 2012

PINTURA DA QUADRA: A diretora disse que esta semana a prefeitura vai mandar arrumar a drenagem e sexta feira será pintada pelo Sr. FRANCISCO, com as tintas que estão há 2 anos na sala da diretoria, com vencimento para novembro de 2012. Ela disse que ele estava na perícia e por isso não fez o serviço. Não disse por que pagou adiantado e nem quanto pagou. Ficamos sem essa resposta.
No meio disso tudo, umas meninas, que antes tinham falado que me apoiavam, começaram a me ameaçar, dizendo que iriam me bater na saída e iriam quebrar mira cara, me xingaram de varias coisas, dizendo que eu tinha que parar com o Diário e etc. Até então eu não sabia por que elas estavam fazendo isso e nem quem ela eram. Já não bastava caras feias agora tinham ameaças.

Reunião para criar a APP

Não sei se foi por pressão do meu pai, do próprio Diário de Classe ou do Projeto Escola Cidadã da Secretaria de Educação, mas a diretora marcou uma reunião para a formação do Conselho Escolar e da Associação de Pais e Professores (APP), e para fazer alguns esclarecimentos sobre a pintura da quadra. Finalmente! A reunião aconteceu na noite do dia 24 mesmo. Eu fui com meus pais, e depois postei sobre o que aconteceu.

Diário de Classe
24 de setembro de 2012

Hoje teve reunião na escola, para a Formação do Conselho Escolar, Formação de APP e alguns esclarecimentos. Tinha poucos alunos, 5 professores, 1 representante da Secretaria e 24 pais.
APP: A diretora disse que irá amanhã a Receita Federal para ver qual problemas tem e disse que quinta estará com os documentos para poder ser feita uma APP (FINALMENTE).

Será criada uma APP em regime de urgência. Quinta terá outra reunião para definição dos cargos.
CONSELHO: de 4 a 6 de outubro irão passar nas aulas para ver os alunos que querem participar (EU QUERO).
No dia 8 de outubro será a reunião para a definição dos pais que participarão.

No resto da reunião, os pais se queixaram da segurança da escola, disseram que estavam entrando pessoas estranhas, que não tinham nada a ver com a escola. Foi sugerido que se colocassem câmeras de segurança para resolver o problema, já que a escola não tinha. Eu concordei em instalar as câmeras, mas achava que fechar a escola no recreio também poderia ajudar. Não precisava ficar aberta, afinal, também havia crianças da 1º série, que eram pequenas.

Minha mãe aproveitou para tirar a limpo uma história que eu havia contado a ela. Ela perguntou à professora de ciências por que, durante uma prova, ela ficava cantando o hino do Rio Grande do Sul e em seguida uma musiquinha assim: "Eu quero tchu, eu quero tcha, vocês vão se ferrar". Ela ficou muito nervosa, negou, começou a gritar e colocou o dedo na minha cara, dizendo que eu era mentirosa. E até chamou um colega meu que estava lá e perguntou: "Você viu eu fazer isso? É verdade o que ela está falando?". E o menino respondeu: "Não, não vi".

Minha mãe me defendeu, e a professora se ofereceu para me dar outra prova, já que eu tinha sido prejudicada, mas minha mãe disse que não queria que eu tivesse privilégios. No final, ela disse que não daria mais aulas para mim, que iria entrar com atestado médico por estresse, por minha causa. Eu disse que se ela falou que ia ficar doente, eu já ia publicar na fanpage. Mas, estranhamente, ela nunca pediu o tal atestado. No final, eu fui até meu colega e perguntei: "Você viu a professora cantar durante a prova! Por que você falou que não?". E ele: "Eu vi sim, mas não falei na hora porque fiquei com medo".

A visão da minha mãe

No dia 25, minha mãe postou um texto muito importante na página dela no Facebook, e eu compartilhei.

Diário de Classe
25 de setembro de 2012

Minha mãe postou

A Isadora surpreendeu a todos há pouco tempo, surpreendeu a escola, a Secretaria de Educação, ao Brasil e por que não dizer o mundo. Mas ninguém se surpreendeu mais do que nós, pais, irmãos e parentes de Isadora. Não sabemos ao certo em que momento aconteceu essa transformação, poucos dias atrás brincava como qualquer outra criança aqui do Santinho. Insatisfeita com a escola, criou sua fanpage. Desde o início, ela foi orientada e prevenida das consequências de suas postagens. Fiz ela se comprometer sempre com a verdade e a razão. Confesso que nunca me passou pela cabeça que a coisa fosse chegar onde chegou. Dito isso, ela entendeu e seguiu em frente, não seriam nós pais que iríamos restringir a liberdade de expressão da própria filha. De onde ela tirou toda essa coragem para enfrentar de peito aberto a toda repercussão que criou sua página surpreendeu a todos. Muita coisa mudou em pouco tempo, reformas na escola, afastamento de profissional pouco preparado, conserto de aparelhos, substituições de equipamentos, palestras, formação de APP em regime de urgência, criação de Conselho escolar, explicações que a direção estava devendo faz tempo, não para mim, mas para Receita Federal, Prefeitura, etc.
O que mais me revolta é ver a falta de apoio dos pais, seus filhos hoje têm tampa no vaso, porta no banheiro, água gelada dos bebedouros, pintura na escola, banheiros reformados, esta sendo criada uma APP em urgência (pois sem ela não tem como pegar recursos da prefeitura, adivinha pra quem, pra mim? Não para escola dos seus filhos) que há muito tempo não existia, está sendo feita a criação do Conselho escolar entre outros benefícios. Quem foi a responsável por isso? Só falta dizerem que foi a direção... Por favor... FOI A ISADORA QUEM

REINVIDICOU E CONSEGUIU TUDO com apoio de todos de sua panpage, ninguém mais. Isso incomoda muita gente. Alguns dizem que não é ela que faz a fanpage, aceito como um elogio, pois só posso imaginar esse pai olhando para seu filho ao lado, da mesma idade, da mesma escola, ser incapaz de fazer coisa alguma além de jogar no PC. Aí deve pensar, "não é possível, não é ela...", eu respondo agora, É A ISADORA SIM amigo... se foi a reunião viu ela questionando a diretora, em pé e em alto e bom tom, na reunião enquanto todos ficavam quietinhos. Ela não é cordeirinho, ela pensa, questiona e pergunta sim senhor. Ensino a todas minhas filhas que a liberdade de expressão é fundamental. Quem pensa questiona, e se não se convence, questiona novamente, não sendo suficiente, reivindicam seus direitos. Cordeirinhos ficam contra Isadora, cordeirinhos passam a mão nas falcatruas para não ficar mal com a direção, cordeirinhos não questionam professores, cordeirinhos não querem se envolver, cordeirinhos disparam no primeiro ruído, com MEDO de serem notados. É, chamei vocês de covardes mesmo, não quero correr o risco de não me entender, covardes acomodados. Para apoiar Isadora antes de qualquer coisa tem que ser contra o descaso da situação da educação no Brasil, com índices que só mascaram a realidade do ensino, com aprovação automática que não reprova ninguém, com os profissionais ultrapassados no tempo que pouco tem a contribuir com a formação dos nossos filhos.
Achar que está bom assim é demonstrar a ignorância que tem, talvez nunca tenho visto como funciona uma escola de ponta. Ai esses mesmos cordeirinhos dizem... quer escola de ponta, sai e vai para uma particular... essa escola é muito boa, sai daqui se não acha... pobres medíocres... cordeirinhos conformados com a situação, informem-se e saibam o que é uma escola boa, pensam que escola pública é de graça então não podem exigir nada. Mal sabem eles que pagam pela escola também, todos pagam com impostos, inclusive você. Agora, o interessante é que Isadora esta lutando para melhorar, mesmo sabendo que em breve não estará mais ali, mas mesmo assim segue firme na batalha, para melhorar a sua escola, a escola dos seus filhos. Quem vai usufruir disso? Eu? A Isadora só tem mais 1 ano na escola... fica a herança para vocês, pais. Com o que estou vendo, temo pelo que vai acontecer quando a Isadora sair da escola... Se não continuar a cobrança por uma escola melhor, vai voltar tudo ao que era antes... como vimos no início da fanpage dela. Nós, familiares e 305.000 curtidores temos ORGULHO DELA, e de vocês pais não veio nem um muito obrigado pela água gelada que seus filhos tem para beber. Obrigada.

No dia 28, eu postei uma foto de uma pessoa que estava lavando a quadra, e não era o senhor Francisco. Onde ele estava? Será que iria no dia seguinte? Eu não perdia as esperanças de que a pintura ia começar.

Diário de Classe
28 de setembro de 2012

Hoje a tarde eles estavam lavando (acho que preparando) a quadra. Acredito que vão começar a pintá-la.

A formação da APP e do Conselho Escolar

30 de setembro de 2012
320.425 seguidores

No dia 1º de outubro, tivemos outra reunião da escola para eleger os membros da APP. O presidente ficou sendo o Marcelo, um professor. Foi discutido também a respeito do Diário de Classe, e a reunião pegou fogo, mas no final houve um entendimento entre alguns pais. Eu fiz uma postagem longa sobre os dois meses do Diário, e sobre o que eu gostaria que acontecesse não só na minha escola, mas em todas.

Diário de Classe
1 de outubro de 2012

Fazem pouco mais de dois meses de Diário. Muita coisa mudou, nunca pensei na repercussão que ia dar. Olhando tudo que aconteceu, fico feliz em ver que as coisas que mostrei foram consertadas, a quadra parece que vai ser pintada, a APP foi formada e outras coisas. Me perguntam muito o que vai ser agora que a escola foi reformada, se vou seguir com Diário. Hoje penso diferente, penso maior. Penso que se minha escola pode melhorar, por que não as outras? Não só de Florianópolis, mas de todo Brasil. Por que vemos escolas tão ruins como as que são mostradas aqui? Quem ganha com isso? Pra mim isso é motivo de vergonha e acho que isso envergonha todo Brasil. Será que pensam que enganam alguém com índices, cotas? Será que os outros países acreditam nisso? Você acredita

nisso? Eu acho que o Brasil finge que a educação tá boa para impressionar os outros como se todos fossem bobos.
Recebi fotos que parece qualquer coisa, menos escolas, por que isso? Se a gente é o país do futebol, do samba, por que não ser o país da educação? Não seria legal ser conhecido por ser o país de melhor educação do mundo? Sermos respeitados em qualquer lugar como um povo culto, inteligente e educado? Acho que sendo assim, o resto vem junto, pois nenhum povo educado e inteligente não vai deixar a saúde de lado por exemplo. Vontade de mudar já vi que muitos tem, então o que falta? Eu tenho vontade, gostaria que minha escola fosse uma escola modelo e vou fazer o possível pra isso, espero que um dia algumas pessoas entendam e me ajudem também.
E vcs, sabem como vai a escola dos seus filhos? Sabe se esta faltando professor? Sabe o que ele comeu hj? Sabe o que ele aprendeu hj? O que ele faz quando não tá na escola, você sabe? Podemos começar assim, não é tão difícil... os estudantes tb tem que falar, são os maiores interessados, não podem ficar quietos. Muitos me dizem que é sonho, que sou criança e não sei das coisas, que não é bem assim... não me importo, gosto de sonhar. Saber que tem milhares de curtidores inconformados com a educação no Brasil me motiva a continuar, mas agora não só pela minha escola, mas por todas escolas do Brasil.

Nos dois dias seguintes, minha turma teve Conselhos de Classe, para formar o Conselho Escolar, como a diretora tinha dito. Fiz dois posts sobre isso.

Diário de Classe
2 de outubro de 2012

Está aí o comunicado, hoje eu não tive aula porque os professores estavam nos outros conselhos. Amanhã eu não terei de novo será o conselho da minha turma.

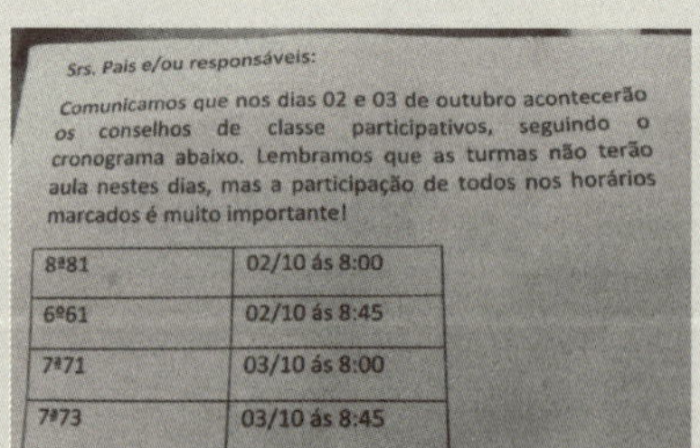

Srs. Pais e/ou responsáveis:

Comunicamos que nos dias 02 e 03 de outubro acontecerão os conselhos de classe participativos, seguindo o cronograma abaixo. Lembramos que as turmas não terão aula nestes dias, mas a participação de todos nos horários marcados é muito importante!

8ª81	02/10 ás 8:00
6ª61	02/10 ás 8:45
7ª71	03/10 ás 8:00
7ª73	03/10 ás 8:45

Atenciosamente, Equipe Maria Tomázia Coelho

Diário de Classe
3 de outubro de 2012

Hoje foi o conselho da minha turma, tinham 8 alunos, muitos professores, poucos pais etc... Enfim, acho que falamos tudo o que tínhamos para falar, fomos mais participativos no pré-conselho onde toda turma estava presente, não tinham nem pais nem professores, mas foi o que eles apresentaram hoje. Eu espero que ajude com as nossas opiniões, que tenha uma resposta.

A campanha do 1 bilhão no Facebook

Enquanto tudo isso acontecia na escola, eu fui convidada para participar de um acontecimento muito legal. No dia 4 de outubro, o Facebook anunciou que tinha atingido a marca de 1 bilhão de participantes ao redor do mundo. E como o Brasil era um dos cinco países com mais usuários (os outros eram Estados Unidos, México, Índia e Indonésia), iria participar de uma campanha para escolher as personalidades que simbolizariam a marca atingida.

E eu fui selecionada para ser uma das pessoas no Brasil. O pessoal do Facebook mandou um e-mail para a minha mãe convidando, e ela me deixou participar. Tínhamos que responder a seguinte pergunta: "O que você faria se pudessem se conectar a 1 bilhão de pessoas ao redor do mundo?". Eu respondi: "Gostaria que estudantes do mundo inteiro tivessem direito e acesso a uma educação digna e moderna. Tenho certeza que, se todo mundo fizer um pouquinho, juntos poderemos mudar a educação e, desse jeito, deixar o planeta mais justo e melhor para todos!". No dia 5, postei na fanpage para agradecer.

4 de outubro de 2012
324.400 seguidores

Diário de Classe
5 de outubro de 2012

Fiquei muito feliz por ser escolhida entre mais de 50 milhões páginas no Facebook Brasil. Muito obrigada galera do Facebook, foi um presentão pra mim.

A imprensa deu destaque para isso e fez algumas reportagens sobre mim e sobre o 1 bilhão de usuários do Facebook.

Revista Veja
http://goo.gl/zxTeHm

'Facebook tem objetivos agressivos para o Brasil', diz chefão da rede social na América Latina

Executivo diz que serviço ainda quer mais cadastrados no país – já são 54 milhões – e também receitas, provenientes do uso em dispositivos móveis

Isadora Faber é escolhida para participar de campanha do Facebook

Portal Aprendiz
http://goo.gl/K9VZ4q

Jornal O Globo
http://goo.gl/OFJdDs

Isadora Faber: 'Só porque é escola pública tem que ser ruim?'

Representante do Brasil, mas não da escola

Depois de eu ter sido escolhida como uma das personalidades do Facebook para representar o Brasil na campanha de 1 bilhão de usuários, haveria eleições para o Conselho Escolar.

No dia 8 de outubro, tivemos mais uma reunião na escola para escolher quem seriam os membros. Estavam concorrendo 15 ou 16 pais e mais duas alunas além de mim. Na semana seguinte, haveria ainda outra reunião.

Havia muitas reclamações por parte dos professores sobre a pouca participação dos pais na escola. Estávamos discutindo sobre colocar câmeras na escola, eu achava que era uma maneira moderna de acompanhar os filhos. Aliás, seria um jeito até de mudar as reuniões da escola. Minha mãe, por exemplo, achava que era melhor que as reuniões fossem à noite, depois das 8 horas, mas os professores diziam que ficava ruim pra eles. Aos sábados também era ruim, não facilitava a presença.

E se fizéssemos uma reunião virtual, não seria melhor? Acho que a participação seria muito maior, talvez os pais e os alunos se sentissem até mais à vontade para falar. Eu sou muito a favor de usar a tecnologia para facilitar a educação, e essa era uma maneira também. Já pensou se cada um pudesse particiar da sua casa? Os debates aconteceriam naturalmente, será que não valeria a pena tentar? Ainda por cima, iria ficar tudo registrado para todos consultarem na hora que quisessem. É possível fazer diferente, aumentar a participação, e sem pagar nada. Acho que facilitaria a vida de todos, dos professores e dos pais também. É uma ideia nova para se discutir, melhorar com ajuda de todos. Até do ônibus, ou preso em um engarrafamento, seria possível participar pelo celular ou pelo tablet, já pensou? Uma ideia nova para uma escola nova. Afinal, estamos no século XXI.

No dia 17 de outubro, finalmente foram eleitos os alunos do Conselho Escolar. Eu não fui eleita, mas ia continuar participando da escola por meio do Diário de Classe. Manifestei meu apoio e dei parabéns à Nayara, à Victória e à Eduarda, que foram eleitas. Pelo menos tínhamos um Conselho Escolar constituído.

De novo na delegacia

No dia 10 de outubro, minha mãe teve de ir ao Fórum para uma audiência conciliatória, por causa de um boletim de ocorrência que uma professora auxiliar fez contra nós por injúria. Ela ficou brava com os comentários feitos em um post do dia 20 de agosto, no qual eu disse que as aulas de professores auxiliares não rendiam nada.

Era verdade. Como eu disse, ela dava um texto qualquer e pedia para respondermos duas perguntas, depois nos deixava ficar jogando. Se ela não tinha formação para trabalhar com alunos de 7º série, não tinha que estar lá.

A audiência não demorou nem 15 minutos, porque ela não quis nenhuma conciliação, nenhuma retratação, apenas quis seguir em frente com processo de crime. Tudo bem, fazer o quê? O processo corre até hoje.

Nada da pintura da quadra ainda

6 de outubro de 2012

328.542 seguidores

Já estávamos em outubro, e nada da quadra ser pintada. Será que seu Francisco ainda estava doente? Fiz vários posts sobre o assunto, que reproduzo aqui.

Diário de Classe
9 de outubro de 2012

Eu quero relembrar que até agora a quadra não foi pintada. Por que??? Eu me lembro da diretora falando que a quadra seria pintada, mas antes iriam lavar. Ok, lavaram, eu postei, mas não pintaram. Semana passada o tempo estava ruim, mas ontem e hoje o dia estava muito bom, com sol. Seu Francisco segue sem aparecer. Será que vai seguir assim??

Diário de Classe
16 de outubro de 2012

Para os que não sabem da história, vou contar de novo. Desde a volta das férias, pergunto para direção a situação da pintura da quadra. As tintas para pintura estão na sala da diretora faz 2 anos, elas tem vencimento em novembro de 2012.
A diretora falou que já pagou adiantado para pintarem a quadra, não diz quanto e nem quem é a empresa contratada. Depois de muita conversa, fiz aqui minha primeira postagem dia 20/9 contando o caso.

Depois de alguns dias, a diretora falou que "Seu Francisco" estava doente mas ia começar o serviço na próxima semana. No final do mês, apareceu umas pessoas e limparam tudo, no dia 28/9 (registrado aqui com foto) chegou um homem e lavou a quadra, pensei que o problema estava resolvido, pois tinham dito que estavam preparando para pintar.
Virou o mês, choveu, fez sol, ficou nublado, quente, frio e nada. Hoje é dia 16/10 e nada mais aconteceu. Já está tudo sujo de novo. Acho que a direção não pode mais proteger essa empresa que cobra adiantado e não faz o serviço. Agora que todos sabem, não tem como não falar quem é a empresa, tá ficando mal para a direção uma posição assim, o dinheiro não saiu do bolso da direção, saiu do seu bolso, do bolso do meus pais, saiu dos impostos que todos pagam, então nada mais justo que todos saibam quem não esta fazendo o que foi pago para fazer. Tem mais de 600 alunos esperando pelo dia que o "Seu Francisco" irá resolver fazer o serviço pelo que foi pago há muito tempo para fazer (não sabemos bem quando foi pago pelo serviço). Fico me perguntando: se ele não pintar a quadra, quem vai pagar pelo prejuízo? Será que "Seu Francisco" vai devolver o dinheiro? Tem contrato? Cadê o contrato? Cadê o recibo que pagou "Seu Francisco"? Quanto vai devolver se não sabemos quanto cobrou? Se a direção da escola não fala nada, fica assim? Não tem ninguém para cobrar da direção? Pagamento adiantado, não fazem serviço, tintas vencendo e tudo bem? Como pode funcionar assim, é muita palhaçada, fico indignada com isso tudo.

Eu não parei de postar e segui com a história mal contada do pintor. Ele não aparecia nunca. Então, já pensando se o tal seu Francisco existia de verdade, comecei a ironizar a situação.

Diário de Classe
17 de outubro de 2012

NÃO VOU POSTAR FOTO DA QUADRA porque NÃO MUDOU NADA, então não tem motivo pra colocar foto. Hoje em Floripa fez 26°C, um lindo dia de sol, pena que "Seu Francisco" não aproveitou para trabalhar. Como as tintas vencem em novembro, irei lembrar diariamente da quadra para ver se "Seu Francisco" se lembra de fazer o serviço que ele já recebeu para fazer.

Diário de Classe

18 de outubro de 2012

Estou postando essa foto pra vocês verem como o dia estava bom hoje, pena que "Seu Francisco" não foi pintar a quadra. Resolvi sair para procurar ele, será que era ele ali atrás comendo um peixe com dinheiro do meu pai e tomando uma cervejinha com o seu?? Não sabemos porque a diretora não nos conta.

E depois disso ele nunca mais voltou, achou que ia ficar assim. Mas lá fui eu de novo. As pessoas também começaram a me mandar fotos de onde poderia estar seu Francisco, estava realmente virando uma saga, estávamos quase criando um jogo de procura.

Diário de Classe

19 de outubro de 2012

De novo fui a procura do "Seu Francisco". Como vocês puderam ver pela foto, tinha até sol. A tardinha saí para procurá-lo, mesmo no final da tarde. Aí está a prova de que dava para pintar. Saí perguntando para os pintores se alguém conhecia "Seu Francisco" que vai pintar a quadra, ninguém sabe de nada. Onde está "Seu Francisco"??"

Novas ameaças das meninas da escola

18 de outubro de 2012

340.447 seguidores

Então, mais uma vez aquelas meninas que fizeram ameaças voltaram a me intimidar. Elas vieram para cima de mim, quase me batendo, me xingando, cercando. E disseram que estavam combinando com turmas de outras escolas para vir me bater na saída.

À tarde, minha irmã Duda foi à escola falar com a diretora a respeito do que estava acontecendo e acabou descobrindo que uma das meninas era – adivinha quem? – a filha do seu Francisco! Aí sim, tudo fez sentido. Mas eu não parei, continuei postando sem medo das ameaças e fiz um post para explicar o caso publicamente.

Diário de Classe
23 de outubro de 2012

Já faz um tempo, tem uma garota que fica me ameaçando toda hora na escola, dizendo que vai me bater, me chamando de ridícula entre outras coisas. No começo, até estranhei, pois no início do Diário, ela até foi me cumprimentar e dizer que tava dando apoio.
De um tempo pra cá, só encheção de saco, não larga do meu pé, fica atrapalhando minhas fotos, incomodando no refeitório, na saída, toda hora, sempre tentando colocar os outros contra mim, rindo da minha cara, me ofendendo direto.
Me cansei da situação e resolvi contar tudo pra mãe. Não estava mais falando o que estava acontecendo comigo na escola para não deixar ela mais preocupada. Minha mãe estava no centro, então mandou minha irmã ir falar com a diretora na escola para pedir alguma providência.
Ela contou o que estava acontecendo e a diretora falou que não estava sabendo do que aconteceu hoje na escola, onde todos viram essa pessoa mais uma vez me ameaçar no refeitório, me provocando para briga, querendo que eu baixasse ao seu nível, mas isso não me afetou, por que o que vem de baixo não me atinge. Aí a diretora perguntou quem

era, eu disse quem era e ela falou que deve ser por causa dos comentários aqui da página.
Ela (a diretora) falou que essa pessoa é FILHA DO SEU FRANCISCO, aquele da pintura. Falou que ela deve estar assim por causa das minhas postagens do "Seu Francisco" e dos comentários que fazem.
Ora, em vez de ficar me ameaçando, não seria melhor pedir para seu pai ir pintar a quadra, já que recebeu adiantado há vários meses? Quem sabe amanhã ela leva o contrato ou os recibos de pagamento pelo serviço não realizado pelo seu pai, ao invés de ficar me ameaçando, chamando minha página de "blog de merda"?
Todos esses dias eu procurando "Seu Francisco" e ela quietinha sem falar nada, aí começou a me ameaçar, agora entendo sua mudança de postura. Eu também iria ficar muito chateada sabendo que meu pai recebeu adiantado para fazer um serviço na escola onde estudo, meus amigos estudam, + de 600 crianças estudam e não fez, desapareceu deixando a escola toda na mão, inclusive a direção.
É muita vergonha mesmo, se meu pai fizesse isso, nunca mais ia querer aparecer na escola. Ao invés disso, ela disse que "se tu postar alguma coisa, te quebro a cara"... Eu nem sabia o por que de tanta raiva, agora eu sei e POSTEI, eu não tenho medo, tenho sim é vergonha na cara, isso falta em você! Ah, já ia esquecendo, pede pro teu pai ir pintar a quadra amanhã que as tintas estão por vencer, chega de folga!

Políticos usam minha imagem indevidamente

Como se não bastassem todas as ameaças e os problemas, tive que enfrentar mais um, que eu nem imaginava que poderia ter.

Como já disse, naquele ano de 2012 aconteceriam as eleições para prefeito e vereador. O primeiro turno seria no dia 7 de outubro, e o segundo, em 15 de novembro. No dia 2 de outubro, fiz um post para falar das eleições.

Diário de Classe
2 de outubro de 2012

Hoje tava pensando nas eleições, não sei muito disso e não conheço nenhum candidato. Fui ver os salários, o que fazem, etc. Acho que ganham muito bem, todos, bastante mordomias também. Fiquei pensando, quem define o salário deles? Tinha que ter uma votação também para definir o salário, afinal quem paga é o povo, nada mais justo escutar quem paga. Acho que tinha que ser vinculado ao salário mínimo, assim seria justo, tipo: vereador – 3 salários mínimo, prefeito 5 salários mínimo, e assim adiante. Aposto que o salário ia melhorar... huehue. Por que nenhum candidato lança a campanha de votação de salários dos políticos?

No dia 6 de julho, começou a propaganda eleitoral na TV, e no dia 31 de agosto, de repente, começaram a aparecer na televisão imagens do Diário de Classe, da escola e das reportagens que tinham saído sobre mim.

No mesmo dia, eu, meu pai e minha mãe gravamos e publicamos um vídeo para dizer que eles não tinham me autorizado a participar de nenhuma campanha eleitoral e que tudo o que eu estava fazendo não estava vinculado a nenhum partido ou ideologia política. Era uma iniciativa minha, sem nenhum tipo de ligação como essa. Minha mãe explicou que eu não ia participar de nenhum programa eleitoral. Meu pai disse que não existia nenhum envolvimento político do Diário de Classe, e isso tinha que ficar muito claro. Não estávamos nem do lado de A nem do lado de B, e sim do lado da educação.

Depois do primeiro turno das eleições, em outubro, o candidato entrou em contato para pedir autorização, mas meus pais não deram, mesmo com insistência. Ainda assim, eles usaram as imagens, e resolvemos processá-los. Eu escrevi isso em um post do dia 24 de outubro, e alguns veículos da mídia deram a notícia depois de uns dias.

Diário de Classe

24 de outubro de 2012

Quero esclarecer a muitos que estão me perguntando o seguinte: Eu não estou apoiando nenhuma candidatura a Prefeito. Tem um candidato que usou minha imagem e imagens do Diário SEM MINHA AUTORIZAÇÃO. A equipe dele entrou em contato várias vezes com meus pais e eles sempre negaram minha participação e o uso das imagens, não só pra ele, mas pra todos os candidatos. Mesmo assim, ele usou as imagens no horário eleitoral e colocou no site da campanha dele. No mesmo dia que apareceu no horário eleitoral, meus pais gravaram um vídeo explicando nossa posição, esta publicado aqui, no dia 31 de agosto. Quero dizer que este candidato e seu partido estão sendo processados pela minha família. Acho que atitudes como essa demonstram bem o caráter (ou falta de caráter) desse candidato. Este candidato chama-se CÉSAR SOUZA JR e nunca entrou em contato conosco, nem sequer para se explicar.

Aluna de 'Diário de Classe' processa PSD por uso indevido de imagem

Jovem confirmou a ação na Justiça em publicação no Facebook; assessoria de candidato acredita que post teve motivação política

26 de outubro de 2012 | 11h 45

Jornal O Estado de S.Paulo
http://goo.gl/ElxDSW

Portal Aprendiz
http://goo.gl/DK5M1h

Aluna de 'Diário de Classe' processa PSD por uso indevido de imagem

A pintura aparentemente começa

Tínhamos uma reunião marcada para o dia seguinte na escola, que a diretora decidiu fazer para fecharmos o assunto da APP. Na verdade, a reunião não chegou a lugar nenhum, nada foi resolvido. Porém, para mim, serviu mesmo para ver que o serviço de pintura havia começado. Foi uma coincidência ter começado justamente no dia seguinte ao post em que eu mencionei as ameaças da filha do seu Francisco? Talvez...

Diário de Classe
24 de outubro de 2012

Pois é, acabei de chegar de uma reunião na escola e adivinhem? Seu Francisco começou a pintar a quadra hoje à noite. Achei estranho, começou pelas linhas, mas tudo bem, não entendo disso. Ele ficou nervoso e se assustou quando fui lá tirar algumas fotos, não quis aparecer, mas ta aí o início da pintura. Antes tarde do que nunca...

Bolsa de estudos de inglês

31 de outubro de 2012

348.540 seguidores

No dia 30 de outubro, fiz um post contando que havia recebido uma bolsa de estudos para estudar inglês no curso Kumon. A dona da franquia perto da minha casa me ofereceu, e eu já ia começar no dia seguinte. Fiquei muito feliz com a oportunidade, porque sabia que ia me ajudar muito, já que saber bem inglês é fundamental para conversar e entender tudo o que se passa no mundo. E era bom saber que existiam pessoas tão generosas perto de mim!

Educação é caso de polícia

No domingo, dia 4 de novembro, aconteceu um fato muito estranho, que todo mundo na minha casa achou esquisito. A filha do seu Francisco pediu desculpas para a Duda pelo Facebook, dizendo que não ia mais me ameaçar, que agora estava tudo bem, que ninguém mais precisava se preocupar comigo. Meus pais não acreditaram nas desculpas dela e não baixaram a guarda, seguiram me levando e me buscando na escola.

Coincidência ou não, na noite seguinte aconteceu um fato bem grave. Eu estava jogando videogame na sala com alguns amigos, filhos do casal Joice e Ricardo, enquanto eles e meus pais estavam no quintal conversando. Minha avó estava junto, sentada ao lado em sua cadeira de rodas. A Joice e o Ricardo, quero ressaltar, foram os únicos pais da escola que apoiaram o Diário de Classe abertamente desde o início, acompanharam todos os fatos e, hoje, são muito amigos dos meus pais. São como um segundo pai e uma segunda mãe na minha vida, pois me defenderam muito e viveram basicamente toda a história contada aqui junto com a minha família.

Estavam todos distraídos quando, de repente, começaram a ver pedras caindo perto deles, vindas de trás do muro. E antes que desse tempo de eles correrem para dentro de casa, três pedras voaram. Uma caiu na grama, outra atingiu o carro do meu pai e a terceira atingiu o rosto da minha avó, que na hora caiu da cadeira de rodas no chão. Todos correram para ajudar a avó, que estava com o rosto já ensanguentado, e não deu tempo de tentar ver quem foi que jogou as pedras. Nós lá de dentro da sala só ouvimos os gritos e a confusão.

Meus pais saíram correndo para levar minha avó ao pronto-socorro, e de lá para a delegacia, para fazer exames de perícia, pois aquilo era caso de polícia. Eu fiquei muito chateada. Não era justo que a minha avó, doente, incapacitada e frágil, fosse a maior vítima da ignorância e da violência de quem não sabe agir de outra maneira. Mas desconfiávamos de quem pudesse ter feito aquilo, e no dia seguinte fiz um post para contar a todo mundo sobre aquela barbaridade. Até coloquei a foto da avó.

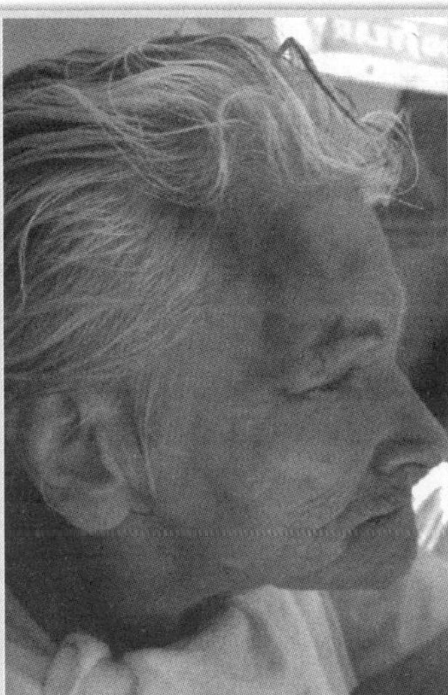

Diário de Classe
6 de novembro de 2012

Ontem a noite, teve uma chuva de pedras em casa, uma delas atingiu minha vó de 65 anos que sofre de uma doença degenerativa. Meus pais tomaram as providências e hoje levaram minha vó para fazer exames e para a polícia. Lá eles fizeram os exames de perícia, agora ela esta em tratamento. Incrível como tem gente ignorante, gente que não tem mínimo de decência. Alguns coitados pensam que são donos de tudo e da verdade, pensam que podem nos intimidar, mas não vão conseguir. Meus pais são gaúchos, mas moram aqui há 17 anos, temos casa própria e eu nasci aqui, sou mané da Carmela Dutra, não iremos sair de nossa casa. Xenofobia é crime e já está sendo investigado. Olhem como ficou o rosto da minha vó... A coitada nem sai de casa e foi a que sofreu as consequências dessa barbaridade, mas temos nossas desconfianças de quem é capaz dessa barbaridade.

Violência na porta da escola

Como se não bastasse tudo o que tínhamos passado no dia anterior, mais um absurdo ocorreu. Na terça-feira, dia 6, na hora da saída, seu Francisco estava na porta da escola com seu outro filho. Meu pai foi me buscar de carro naquele dia, e demos carona para a Joice e seu filho, meu colega de classe, Pedro. Eu saí da escola e entrei no carro, a Joice e o Pedro também, mas, quando meu pai foi entrar no lugar do motorista, seu Francisco começou a se aproximar, xingando-o, chamando meu pai para briga, dizendo que nós nem éramos da cidade, que tínhamos que ir embora e mais um monte de besteiras.

Muita gente cercou o carro enquanto ele discutia com meu pai, e a filha do seu Francisco chamou um monte de amigas, que vieram na minha janela me ameaçar e me xingar, querendo me bater. Comigo não aconteceu nada, mas seu Francisco ameaçou meu pai, dizendo que se fosse preciso ele "pegaria o que estava no carro dele e acabaria com a história".

No meio da confusão, a diretora saiu para a rua e viu o que estava acontecendo, mas entrou de volta na escola. Meu pai foi então à delegacia e prestou queixa. E os policiais disseram que, se algo acontecesse conosco, já saberiam quem procurar.

Diário de Classe
6 de novembro de 2012

Casualmente hoje, Seu Francisco e seu outro filho foram na escola para buscar sua filhinha, e fizeram o maior escândalo comigo e com meu pai. Cercaram o carro e ele estava querendo briga com meu pai, dizendo que tinha que calar minha boca, que eu só falava besteiras e que nós tínhamos que sair da cidade pois não somos "nativos".
A garota juntou uma turminha para me bater e ele dizia para o meu pai que podia esperar que ia ver, que ele ia pegar meu pai e que ia acabar conosco. Agora, seu Francisco pega o dinheiro adiantado da pintura da quadra, não dá satisfação e não pinta a quadra e ainda se acha no direito de vir me ameaçar e ameaçar o meu pai na saída da escola e ainda se acha com razão.
Que justiça é essa? Quem esta errado? Ele que pegou o dinheiro e não pintou a quadra ou eu, que estou cobrando uma solução? Agora querem fazer pressão total para não falarmos mais no assunto, mas meu pai foi na delegacia e prestou queixa, disseram que agora se eu ou meu pai cairmos e nos machucarmos, já sabem quem procurar. É o mínimo que espero da polícia.

6 de novembro de 2012

357.371
seguidores

E, para complementar os casos de polícia, o filho mais novo da Joice da Rosa, José Luiz, de 8 anos, também sofreu ameaças feitas pela filha do seu Francisco. Ela também fez um boletim de ocorrência, e postou em sua página, o que eu compartilhei.

Diário de Classe
6 de novembro de 2012

Compartilhando

Joice da Rosa
B.O. feito pela ameça que o José Luiz, meu filho de 8 anos sofreu, pela filha do Francisco, Luana, que nao pintou a quadra da escola!! Não aceito ameaças, pois meu filho gosta da Isadora Faber, a tenho como minha menina, e NAO ACEITO AMEAÇAS, AINDA MAIS DE UMA GURIA DE 15 ANOS E REPETENTE!!!

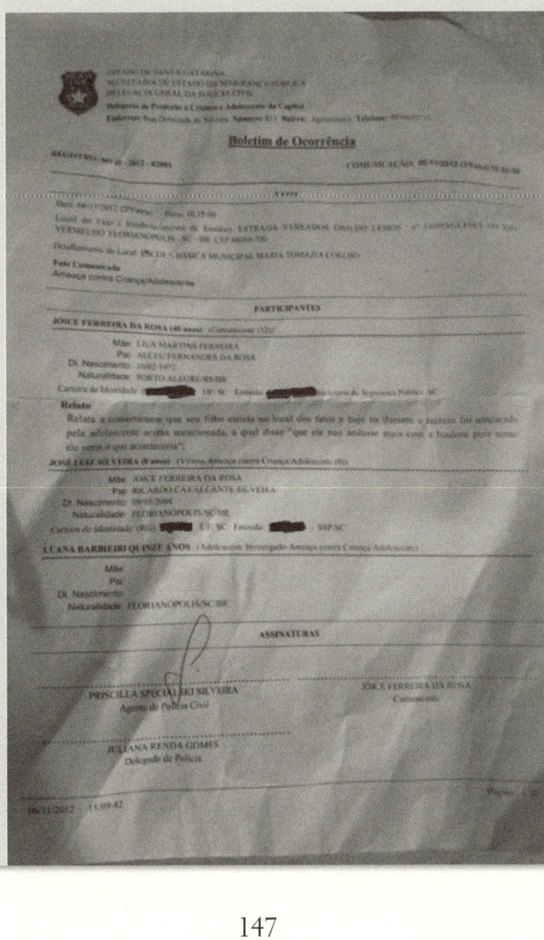

ESTADO DE SANTA CATARINA

Boletim de Ocorrência

Detalhamento do Local: ESCOLA BÁSICA MUNICIPAL MARIA TOMAZIA COELHO

Fato Comunicado
Ameaça contra Criança/Adolescente

PARTICIPANTES

JOICE FERREIRA DA ROSA

Mãe: LILA MARTINS FERREIRA
Pai: ALCEU FERNANDES DA ROSA
Naturalidade: PORTO ALEGRE/RS/BR

Relato

Relata a comunicante que seu filho estuda no local dos fatos e hoje [illegible] durante o recreio foi ameaçado pela adolescente acima mencionada, a qual disse "que ele nao andasse mais com a Isadora [illegible]".

JOSÉ LUIZ SILVEIRA (8 anos)

Mãe: JOICE FERREIRA DA ROSA
Pai: RICARDO CAVALCANTE SILVEIRA
Naturalidade: FLORIANÓPOLIS/SC/BR

LUANA BARBIERI QUINZE ANOS (Adolescente Investigado Ameaça contra Criança/Adolescente)

Mãe:
Pai:
Dt. Nascimento:
Naturalidade: FLORIANÓPOLIS/SC/BR

ASSINATURAS

PRISCILLA SPECIALSKI SILVEIRA
Agente de Polícia Civil

JOICE FERREIRA DA ROSA
Comunicante

JULIANA RENDA GOMES
Delegada de Polícia

Diário de Classe
6 de novembro de 2012

Como vocês podem ver, falar a verdade incomoda muita gente. As agressões foram primeiro com palavras e agora estão partindo para as agressões físicas. Gostaria de saber muito qual a posição da direção da escola agora, se vai continuar protegendo quem pegou dinheiro e não fez o serviço e agora vai à escola me ameaçar ou vai tomar as medidas mínimas e prestar queixa contra quem prejudicou a escola. Acho que já passou da hora da direção fazer alguma coisa. No recreio, já estou cansada de ser ameaçada pela filha do seu Francisco e turminha, até quando? A direção vai esperar até quando para tomar providências? Todos os dias acontece, já falei com a diretora e nada muda.
Eu consegui com empresários a pintura total da quadra, já que não tem jeito de Seu Francisco pintar. Será com profissionais de verdade, sem custo algum para escola, mas, e o dinheiro pago ao seu Francisco? Vamos todos dar de presente a ele o dinheiro dos nossos impostos? A diretora vai tirar do bolso dela? Quero muito saber disso antes de aceitar a reforma da quadra, pois, caso contrário, vou repassar para outra escola que mereça. As coisas estão chegando no limite e agora quero saber da diretora como vai ser e este espaço esta a disposição dela para explicar, ninguém pode dizer que não dou chance de resposta. Diretora, não deixe todos esperando mais, queremos saber sua posição oficial.

Empresários se oferecem para pagar a pintura

Eu também coloquei outro post, pois as coisas já estavam passando dos limites. Apesar de parecer que tinha começado, a pintura da quadra não acontecia, ficou por aquilo mesmo, só as linhas. Então cobrei uma posição da diretora quanto ao caso e quanto à pintura, o que já era um escândalo.

Os empresários que eu citei eram proprietários de uma loja de games e eletrônicos de um shopping em Floripa, acompanhavam minha página. Um dia, eles entraram em contato comigo dizendo que queriam muito me conhecer e me dar um presente, e perguntaram se eu poderia ir até a loja.

Depois de alguns dias, fui ao shopping com minha mãe, e, chegando lá, nós conversamos e eles me presentearam com um tablet, o que me deixou muito feliz. Eles também falaram que estavam dispostos a pagar pela pintura da quadra. Eu e minha mãe agradecemos muito e dissemos que, antes, íamos esperar para ver se seu Francisco mesmo não pintaria a escola. Mas ficamos de entrar em contato se fosse necessário. Eles nos disseram que o dinheiro era nosso, para o que fosse preciso. Aquilo tudo que estava acontecendo era tão revoltante que eu tinha até vontade de passar os recursos que os jovens empresários nos ofereceram para outra escola mesmo.

Repercussão na imprensa

Assim que eu postei no Diário de Classe sobre as agressões e o apedrejamento da minha casa, com o ferimento no rosto da minha avó, a imprensa baixou novamente na minha casa e fez várias matérias, que causaram grande repercussão. Procuraram a escola para que ela se manifestasse, mas mais uma vez ninguém quis falar e receber os jornalistas. Eu também dei espaço para a diretora da escola falar algo na minha página, como vocês viram no post, mas ela nem me respondeu.

O programa Fantástico, da TV Globo, novamente veio cobrir os acontecimentos, e no domingo nós aparecemos de novo em rede nacional. Eles conseguiram entrevistar o seu Francisco, que contou que a empresa contratada para a pintura era do filho dele, que era o responsável. O Diário de Classe estava na mídia de novo, mas infelizmente por causa das barbaridades e dos ataques que vínhamos sofrendo.

> **Edição do dia 11/11/2012**
> 11/11/2012 00h00 - Atualizado em 11/12/2012 10h26
>
> **Casa da criadora do 'Diário de Classe' é apedrejada e avó é atingida**
>
> Avó levou pedrada em represália às críticas que menina faz no blog em que cobra melhorias na escola onde estuda.

Fantástico – TV Globo
http://goo.gl/RNqku7

RBS Notícias – SC
http://goo.gl/S703ea

Casa da aluna de Florianópolis, Isadora Faber, foi apedrejada

Casa de Isadora Faber é apedrejada e avó da menina fica ferida

7 de novembro de 2012 - 16:40 - Educação - Florianópolis

RIC-TV
http://goo.gl/IcPsUx

Rádio BandNews FM
http://goo.gl/SAHX2V

quarta-feira, 7 de novembro de 2012 - 08h39 Atualizado em quarta-feira, 7 de novembro de 2012 - 09h54

Casa de aluna do "Diário de Classe" é atacada

Segundo Isadora, seus pais foram à delegacia para denunciar o ataque

Família de Isadora Faber, do "Diário de Classe", sofre represálias

Rádio CBN Curitiba
http://goo.gl/6fmZTk

Jornal O Estado de S.Paulo
http://goo.gl/VBI8pm

Casa da criadora do 'Diário de Classe' é apedrejada em Florianópolis

Avó da garota foi atingida na cabeça; estudante denuncia problemas da escola no Facebook
06 de novembro de 2012 | 23h 34

Família de aluna que critica escola diz sofrer ameaças

Avó da catarinense de 13 anos que faz o 'Diário de Classe' no Facebook teria recebido uma pedrada em casa

Jornal O Estado de S.Paulo
http://goo.gl/d2XAaU

Jornal O Estado de S.Paulo
http://goo.gl/9b13kN

Criadora do 'Diário de Classe' não vai mais para a escola sozinha

Isadora Faber diz sofrer ameaças constantes; estudantes visitou o 'Estado' nesta 2ª
12 de novembro de 2012 | 21h 50

Depois de ter casa apedrejada, família de Isadora Faber procura a polícia

A avó da criadora da página Diário de Classe, no Facebook, teria sido atingida por uma pedra

Diário Catarinense
http://goo.gl/rNxMeJ

Diário Catarinense
http://goo.gl/0BkQJW

Repercussão 11/11/2012 | 19h20

Criadora do Diário de Classe no Facebook diz que não sai de casa sozinha

Isadora Faber contou em entrevista à Folha de S.Paulo que a vida mudou após criar a página no Facebook

CAPÍTULO 11

As coisas não se acalmaram

Reunião na Secretaria de Educação

No dia seguinte, começaram a pintar os muros da quadra de esportes, o que foi uma coisa positiva. Não era a pintura da quadra em si, mas já era alguma coisa. Na manhã daquele dia, minha mãe recebeu um telefonema de um advogado que não conhecíamos, o Dr. Pedro de Queiroz. Ele disse que conhecia o Diário de Classe, acompanhava o meu caso desde o começo e, quando viu o que vinha acontecendo, com tantas ocorrências policiais, decidiu entrar em contato para oferecer ajuda. Ele disse que tinha escritório em Florianópolis, que queria me ajudar e não queria receber nada por isso. Faria por cidadania, porque a causa era justa e nobre. E perguntou para a minha mãe quando ela iria na Secretaria de Educação. Ela contou que iria aquela tarde, e ele se ofereceu para ir conosco. Ela agradeceu e aceitou. O Dr. Pedro se tornou nosso advogado e está com a gente até hoje. É, inclusive, um dos fundadores da ONG, mas isso vou contar mais pra frente.

Naquela tarde, então, fomos eu, minha mãe e o Dr. Pedro na Secretaria de Educação, para falar sobre tudo o que estava acontecendo. Inclusive levamos a gravação, que nunca tinha mostrado a ninguém, na qual minha colega contava sobre o que acontecia nas outras classes. O Dr. Pedro tinha comentado antes que aquele era um caso para o Ministério Público de Santa Catarina (MPSC), mas resolvemos mostrar também na Secretaria de Educação, e mencionamos isso. Lá na reunião estavam presentes o diretor do Ensino Fundamental da Secretaria de Educação e uma funcionária que disse que trabalhava na Secretaria havia 38 anos e era quem fazia o contato direto com o MPSC.

O diretor de Ensino Fundamental da Secretaria nos ouviu e também contou que a diretora mandou um e-mail dizendo que ia na delegacia para ver como podia acabar com as brigas na saída da escola. Quando ele falou em delegacia, pensei em um novo B.O., e até postei sobre isso, mas corrigi a informação no Diário de Classe, porque o diretor de Ensino Fundamental da Secretaria de Educação me informou que ela não tinha registrado ocorrência contra nós, era só um pedido de ajuda à polícia para ter mais segurança na escola.

Fanpage contra

Os funcionários continuavam me acusando de só ter levado confusão para a escola, mas a verdade é que, depois do Diário de Classe, a escola parecia outra, os professores faltavam menos, os horários eram respeitados... Eu ia continuar denunciando tudo o que não estivesse bom.

Mas havia um movimento contra o Diário, promovido por professores, pais e algumas pessoas relacionadas a eles, que tinham inclusive feito uma fanpage no Facebook, com o mesmo nome da minha, para postar coisas contra mim e minha família. Eles interpretavam os acontecimentos como queriam, distorciam fatos e achavam que eu estava indo contra os professores, o que não era verdade. Eu estava indo era a favor de uma boa escola – mas mudar as coisas, depois eu aprendi, incomoda muita gente, que precisa fazer as coisas diferente, e isso é desconfortável, como minha mãe diz.

Para muita gente, a escola já era maravilhosa, mas talvez eles não vissem que era possível muito mais. Eu achava, e acho, que havia muito a melhorar. Para mim, tudo o que acontecia deveria ser divulgado na escola, principalmente os gastos. Poderiam colocar um mural ao lado da secretaria com a receita e com os gastos mensais da escola, para todos saberem. E eu tinha lido que muitas escolas já estavam fazendo isso. Ia evitar casos como o do seu Francisco. Afinal, a escola é pública, e todos temos o direito de saber da situação da escola para não acontecerem coisas estranhas com o dinheiro que é de todos. Divulgando os números, todos poderiam ver onde estavam sendo investidas as verbas públicas, se estavam sendo realmente aproveitadas.

Bem, no mesmo dia, agradeci pelas mensagens de carinho com minha avó, contando como ela estava.

Diário de Classe
7 de novembro de 2012

Quero agradecer a todos que se preocupam com minha vó, ela esta bem melhor, ta desinchando mas tá com olho roxo. Muito obrigada a todos vocês, de coraçao.

Convites para eventos e palestras

7 de novembro de 2012
383.239 seguidores

Enquanto eu e minha família sofríamos agressões e represálias, comecei a ser convidada para participar de vários eventos, para dar palestras e falar em vários lugares do Brasil. Apesar de em minha própria escola a maioria das pessoas não reconhecer a importância de se lutar por uma educação melhor e de melhores condições para se estudar em escola pública, pelo jeito, muita gente no Brasil reconhecia, o que me deixava muito feliz, já que me fazia sentir que eu não estava sozinha.

O primeiro evento de que eu participei foi o Social Good Brasil, que aconteceu naquele ano de 2012 na minha própria cidade, em Florianópolis. Foi no dia 7 de novembro, no Centro Integrado de Cultura (CIC). Eu precisei faltar à aula, mas valeu a pena. De acordo com o que está escrito no site do Social Good, eles são uma "organização que acredita e promove o uso da tecnologia, das novas mídias e do pensamento inovador para melhorar o mundo, pois elas são ferramentas poderosas para impulsionar a solução de problemas sociais".

Social Good Brasil
socialgoodbrasil.org.br

Acreditamos e promovemos o uso das tecnologias, das nova mídias e do pensamento inovador para melhorar o mundo. Faça parte desse movimento que é de todos nós!

QUERO PARTICIPAR DO SOCIAL GOOD

Eles queriam que eu falasse sobre minha experiência de usar a rede social para lutar por melhorias na escola pública onde eu estudo, já que isso faz parte do que o Social Good defende. Eu fiquei bem nervosa, porque já tinha me acostumado a dar entrevistas, mas falar em público para tanta gente era totalmente diferente. Depois que cheguei, fiz um post sobre isso.

Diário de Classe
7 de novembro de 2012

Hoje eu não fui na aula, porém fui participar como palestrante de um grande evento chamado Social Good Brasil (conectados transformamos) no Centro Integrado de Cultura (CIC), falando sobre como as tecnologias, novas mídias e ideias inovadoras podem ter grande impacto social. Gostei muito de tudo lá, as pessoas foram muito simpáticas me deixando bem tranquila para falar, tinha umas 300 pessoas assistindo.

No site a seguir dá para assistir à palestra:

Site Social Good Brasil
http://goo.gl/8ClUSC

Mais confusão diante da escola

Eu achei que, depois de tantas coisas que tinham acontecido, tudo iria se acalmar, mas eu estava errada. No dia 8, minha mãe me acompanhou até a escola, como já vinha fazendo, mas, quando eu ia entrar, um menino veio para cima de mim gritando, com o dedo na minha cara, e só não me deu um soco porque minha mãe voltou correndo e o impediu. Ela discutiu com ele, ficou furiosa, mas uma funcionária da escola o chamou, xingou minha mãe e fez o menino entrar na escola, fechando a porta na minha cara! Eu só consegui entrar porque minha mãe disse que ia chamar a polícia. E eu contei no Diário.

Diário de Classe
8 de novembro de 2012

Hoje mais uma vez fui ameaçada, chegando na porta da escola, um garoto da 8° série chegou e me encheu de palavrões, colocou o dedo na minha cara e disse para acabar com blog de merda. Minha mãe viu e veio me defender. Nisso chegou uma funcionária da escola, xingou minha mãe e colocou o garoto pra dentro, fechando a escola para eu não entrar. Minha mãe teve que ameaçar chamar a polícia para que deixarem entrar na escola. Fiquei muito triste, todos dias tem alguma coisa assim, dessa vez a diretora me colocou para dentro, me levou no banheiro e depois na sala de aula. Ficou ao meu lado no recreio, agiu legal, vamos ver o que acontece.

Manifesto pela paz

Eu tinha recebido mais convites para eventos, e ia continuar participando. O próximo deles seria em São Paulo, e aconteceria na segunda-feira seguinte. Eu avisei na escola que precisaria faltar. Antes que alguém viesse criticar minhas participações e dizer que eu estava ganhando dinheiro com a história do Diário de Classe, no dia 8 fiz um post esclarecendo que o que eu ganhava com os eventos era muita experiência e aprendizado.

Diário de Classe
8 de novembro de 2012

Quero deixar claro que não estou recebendo nada para participar dos eventos que sou convidada, não sou profissional em nada, apenas uma estudante que fez um Diário e, se alguém quer que eu conte minha história e de opiniões sobre o que sei, legal, to nessa. Eu aproveito e aprendo muito nesses eventos, sem falar na experiência que estou ganhando, conheço pessoas legais, inteligentes, com uma visão aberta tipo a minha, troca de experiências, muito bom. Meu pai diz me disse que o que estou aprendendo com meu Diário não se aprende em escola, só com experiência de vida, e é atrás disso que vou, quero sempre aprender mais para ninguém me enganar. Esta segunda 12/11, estarei em São Paulo onde serei palestrante em uma conferência.

Mesmo sabendo que na segunda-feira eu não iria à escola – ou justamente por causa disso, não sei – a diretora marcou com pais, alunos, professores e funcionários um "Ato Cívico pela Paz e Tranquilidade para Trabalhar".

Eu soube que às 16 horas da segunda-feira todos foram para a frente da escola e a diretora falou, pedindo para que todos lá "repensassem seus atos, para que a escola mantivesse sua tranquilidade". Ela explicou que existiam três motivos para fazer o ato: os riscos no trânsito, o fato de ter poucos guardas municipais na região, e o Diário de Classe, e que os três faziam parte do tema "segurança na escola". Havia alguns cartazes, e um deles dizia: "Professores também têm sentimento".

Foi uma pena que não pude estar lá, pois teria pedido também paz e tranquilidade para eu estudar. O site do jornal *Notícias do Dia* falou do evento:

Jornal Notícias do Dia
http://goo.gl/CN8ee6

Mesmo ausente, Isadora Faber é o assunto dominante em evento de escola

Ato cívico na Maria Tomázia Coelho abordou trânsito, falta de guardas e o Diário de Classe

Evento Go Global, conferência do GP12

9 de novembro de 2012

406.013
seguidores

Como eu disse, ia para São Paulo, pois tinha sido convidada para falar para publicitários em um evento chamado "Go Global, conferência do GP12", que aconteceria na segunda-feira. Mas os organizadores falaram para a gente ir no sábado e aproveitar o fim de semana para conhecer a cidade. Eu achei ótima a ideia, porque eu tinha adorado São Paulo. Eles mandaram as passagens e viajamos eu e minha mãe no dia 10.

Go Global, conferência do GP12
http://www.gp12goglobal.com.br

Ficamos em um hotel no bairro de Pinheiros, perto de onde aconteceria o evento, o Instituto Tomie Ohtake. Quando chegamos, um casal da organização nos buscou no aeroporto e nos levou para conhecer um pouco da cidade. Fomos a alguns lugares muito legais, como o Parque Ibirapuera, que é enorme e muito bonito, e demos uma volta por alguns bairros perto do hotel.

Na segunda-feira, dia 12, fomos para o local do evento, um prédio enorme, todo moderno, colorido e arredondado. Ao lado dele tem uma doceria maravilhosa, aonde o pessoal também nos levou (e nunca vou me esquecer dos doces de lá).

Eu tinha me preparado um pouco, mas sempre ficava nervosa de falar na frente de tanta gente. Quando entrei no Teatro Geo, onde ia acontecer o evento, soube que o público era de mais de 600 pessoas. Eu tinha medo de que não gostassem, cada vez era um grupo totalmente diferente, mas fui muito bem recebida lá. O tema da minha palestra era "Como lidar com críticas", e havia uma pessoa para fazer perguntas para mim, o que facilitava. Eu contei minha história e falei bastante das críticas que eu recebia e como eu reagia.

Para mim, escrever é fácil, dá para revisar, corrigir, mudar as palavras... mas falar é muito mais complicado, é mais rápido, todos ficam olhando para você, mas acho que me saí bem e que o pessoal gostou. No final, algumas pessoas pediram para tirar foto comigo. O portal G1 até deu a notícia.

12/11/2012 17h45 - Atualizado em 12/11/2012 18h57

Aluna que criou o 'Diário de classe' dá palestra para publicitários em SP

Isadora Faber contou sua experiência na escola em Santa Catarina. 'Quero ser jornalista e ajudar as pessoas dando informação', afirmou.

Portal G1
http://goo.gl/WF2bJ

Visita ao jornal *O Estado de S.Paulo*

Logo depois, à tarde, fui fazer uma visita ao jornal *O Estado de S.Paulo*, também conhecido como "Estadão", um dos mais importantes do Brasil. Fui a convite do Carlos Lordelo, jornalista e editor de Educação, e conheci a redação. Eu fiquei muito impressionada com o tamanho e com a quantidade de gente que trabalha lá, não imaginava que fosse tão grande. Também vi de perto o trabalho dos jornalistas na redação, e adorei. Ele também fez uma entrevista comigo para a TV Estadão, que pode ser vista pelo link abaixo. Ganhei uns blocos de anotação iguais aos dos jornalistas, e o pessoal até brincou que agora a escola ia tremer.

A viagem para São Paulo foi ótima, conheci um monte de gente inteligente e simpática, e fiquei bem à vontade. Pena que choveu muito. Logo depois, fomos para o aeroporto, porque nosso voo de volta para Florianópolis seria à noite.

TV Estadão
http://goo.gl/IM6YqL

Isadora Faber: "Não vou mais à escola sozinha"

Criadora do "Diário de Classe", página do Facebook em que relata os problemas de seu colégio, a estudante catarinense diz sofrer ameaças

Acusação de fraude

12 de novembro de 2012

428.255 seguidores

No dia 13, fui à aula normalmente, e nada de diferente aconteceu. Mas à tarde vi que existiam várias postagens em outras fanpages, algumas delas feitas especialmente para me criticar, tentando atingir toda a minha família. Havia fotos nossas por toda a rede social, com as maiores barbaridades escritas, falando que meu pai tinha virado bandido, pedófilo, perseguidor, que minha mãe era perturbadora da paz e também maltratava velhinhas (falavam que minha avó sofria maus-tratos), que ela expunha minha avó na televisão e que, pelo Estatuto do Idoso, isso era errado.

Algumas postagens diziam que a pedrada que minha avó recebeu era falsa, uma fraude, que nós estávamos falando mentira e ela não tinha levado pedrada nenhuma, que o machucado ou era maquiagem ou ela tinha caído, falaram até que a gente teria feito aquilo. Que absurdo! Também falaram que a imprensa omitia informações, editava as coisas ao nosso favor, que eu só queria aparecer, queria fama, e várias outras coisas.

Naquele dia, o médico de família que atendia meu bairro esteve em casa para ver minha avó e deixou uma declaração por escrito sobre o estado de saúde dela e sobre como ela vinha sendo cuidada. E eu postei no Facebook, com foto inclusive, para mostrar que nós não tínhamos feito uma fraude.

Naquela semana, meus pais estiveram com o Dr. Pedro, advogado, e marcaram de ir à delegacia para responder pelos boletins de ocorrência. O Dr. Pedro salientou que quem acusa tem que *provar* as acusações, e aquelas eram muito sérias.

Diário de Classe
13 de novembro de 2012

Este é o médico de família Dr. Henrique Bente que cuidou até recentemente da minha vó, todos da comunidade conhecem, esteve aqui em casa hoje visitando ela e deixando essa declaração escrita a mão para quem quiser ler. Muito obrigada pelo carinho com minha vó.

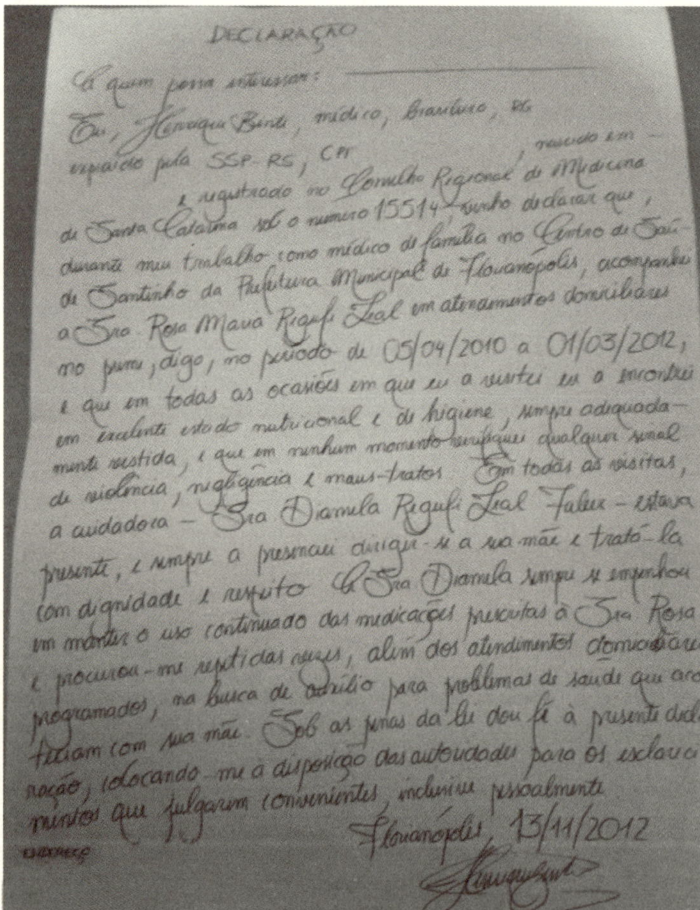

DECLARAÇÃO

A quem possa interessar:

Eu, Henrique Bente, médico, brasileiro, RG [illegible], expedido pela SSP-RS, CPF [illegible], residente em [illegible] e registrado no Conselho Regional de Medicina de Santa Catarina sob o número 15514, venho declarar que, durante meu trabalho como médico de família no Centro de Saúde do Santinho da Prefeitura Municipal de Florianópolis, acompanhei a Sra. Rosa Maria Riguli Leal em atendimentos domiciliares no perí, digo, no período de 05/04/2010 a 01/03/2012, e que em todas as ocasiões em que eu a visitei eu a encontrei em excelente estado nutricional e de higiene, sempre adequadamente vestida, e que em nenhum momento verifiquei qualquer sinal de violência, negligência e maus-tratos. Em todas as visitas, a cuidadora – Sra. Diamela Riguli Leal Faleux – estava presente, e sempre a presenciei dirigir-se a sua mãe e tratá-la com dignidade e respeito. A Sra. Diamela sempre se empenhou em manter o uso continuado das medicações prescritas à Sra. Rosa e procurou-me repetidas vezes, além dos atendimentos domiciliares programados, na busca de auxílio para problemas de saúde que acometiam com sua mãe. Sob as penas da lei dou fé à presente declaração, colocando-me à disposição das autoridades para os esclarecimentos que julgarem convenientes, inclusive pessoalmente.

Florianópolis, 13/11/2012

DECLARAÇÃO

A quem possa interessar:

Eu, Henrique Bente, médico, brasileiro, RG xxxxxxxxxx, expedido pela SSP-RS, CPF xxxxxxxxx-xx, nascido em xx/xx/xxxx, e registrado no Conselho Regional de Medicina de Santa Catarina sob o número 15514, venho declarar que, durante meu trabalho como médico de família no Centro de Saúde Santinho da Prefeitura Municipal de Florianópolis, acompanhei a Sra. Rosa Maria Regufi Leal em atendimentos domiciliares no prime, digo, no período de 05/04/2010 a 01/03/2012, e que em todas as ocasiões em que a visitei eu a encontrei em excelente estado nutricional e de higiene, sempre adequadamente vestida, e que em nenhum momento verifiquei qualquer sinal de violência, negligência ou maus-tratos. Em todas as visitas, a cuidadora – a Sra. Diamela Regufi Leal Faber – estava presente, e sempre a presenciei dirigir-se a sua mãe e tratá-la com dignidade e respeito. A Sra. Diamela sempre se empenhou em manter o uso continuado de medicações prescritas à Sra. Rosa, e procurou-me repetidas vezes, além dos atendimentos domiciliares programados, na busca de auxílio para problemas de saúde que aconteciam com sua mãe. Sob as penas da lei dou fé à presente declaração, colocando-me à disposição das autoridades para os esclarecimentos que julgarem convenientes, inclusive pessoalmente.

Florianópolis, 13/11/2012

Delegacia novamente

No dia 14 de novembro, meus pais foram à delegacia para depor. Meu pai deu três depoimentos seguidos, minha mãe deu dois, e ficaram a manhã toda lá respondendo aos B.O. Já éramos conhecidos naquela delegacia, depois de tantas ocorrências, então pelo menos éramos bem tratados, o pessoal era legal lá. Meu pai também contou que lá na delegacia eles tinham trabalhado a noite toda, tentando pegar os bandidos que estavam botando fogo em ônibus em Santa Catarina, e já estavam cansados. Na verdade, tinha começado uma onda de crimes no estado, todo dia tinha ônibus queimado e violência, a população estava apavorada. Postei sobre isso no dia 16.

Foto: Diário Catarinense

Diário de Classe
16 de novembro de 2012

Queria deixar aqui, eu e minha família, nosso agradecimento a toda Polícia de Florianópolis e SC, Polícia Civil, Policia Militar, Bombeiros, toda Polícia que está arriscando a vida para nos proteger nesse momento difícil que Florianópolis e todo Estado esta passando, como todos já devem saber. Quem puder ajudar de alguma forma, POR FAVOR, não se omita, faça sua parte, denuncie, todos temos que fazer nossa parte, é pra segurança de todos. Tenho certeza que a ordem voltará e esses terroristas serão pegos e devidamente punidos. Confiamos no serviço da Polícia. Muito obrigada mesmo.

Tico Santa Cruz

Um dia, minha tia que mora em Curitiba me ligou toda animada perguntando: "Isa, você viu quem deixou uma mensagem no Diário de Classe?". E eu: "Não". "Foi o Tico Santa Cruz, vocalista dos Detonautas".

Fui olhar e nem acreditei! Aí tinha também uma mensagem dele no "Inbox" do Facebook (mensagem fechada), falando que eles vinham para Floripa em novembro fazer um show dos Detonautas e que ele queria me conhecer e também ir à minha escola para falar com meus colegas e com a diretora. Eu respondi para ele que ia adorar conhecer todos e

16 de novembro de 2012
452.853 seguidores

também ia gostar de eles irem na escola. Pelo que ele estava falando, ele queria perguntar para a diretora "qual era a dela" e falar com meus colegas que o Diário de Classe tinha trazido coisas positivas para a escola.

Eu e Tico Santa Cruz

Só que deu algum problema, e o show teve que ser adiado para o dia 15, que era feriado da Proclamação da República, e a escola estaria fechada. O Tico disse que mesmo assim queria me conhecer, e me convidou para ir encontrar com eles no local do show, que ia ser na casa de shows John Bull Pub, na Lagoa da Conceição.

No dia, começamos a trocar mensagem pelo celular, e foi muito legal, porque ele ia me avisando: "Já estamos em Floripa", "Já estamos indo para o lugar do show". Aí fomos eu, minha mãe, a Duda, a Joice e o Pedro. E eu fui trocando mensagens com o Tico no caminho.

Nós nos encontramos no estacionamento do pub, porque eu não tinha idade nem para entrar naquele lugar. A gente chegou antes e ficou esperando, e ele avisou que estavam chegando. Aí desceram da van e vieram nos encontrar. Ele disse: "Nossa, você é pequena para o tamanho da força que tem".

Adorei o pessoal da banda, ainda mais porque eu adoro rock! Todos muito legais, muito grandes, tatuados, bem roqueiros! O Tico tem tatuagem até na cabeça! Gostei muito de conhecê-los, principalmente porque eles disseram que eu posso contar com o apoio de todos eles. Infelizmente, não pude assistir ao show, porque não tinha idade. No final, tiramos fotos.

Seminário Integrador em Ilhéus

Fui convidada para ir para Ilhéus, na Bahia, para participar, nos dias 20 e 21 de novembro, como palestrante no

III Seminário Integrador – O Ministério Público e os Objetivos do Milênio: Educação, saúde e respeito aos direitos humanos como bases para um desenvolvimento sustentável. Fiquei muito feliz pelo convite, que foi feito pelo promotor de Justiça de Ilhéus, o doutor Clodoaldo da Anunciação.

Eu e doutor Clodoaldo, promotor de Justiça de Ilhéus
Foto: Milena Palladino

O evento aconteceu na Universidade Estadual de Santa Cruz (UESC), e o objetivo era "conscientizar o cidadão sobre a importância de garantir educação e saúde de qualidade", como estava na descrição do seminário. O doutor Clodoaldo ia participar de um painel com o tema "Primavera estudantil: o aluno como sujeito de direitos e a influência das redes sociais". O tema da minha palestra, que foi na verdade um "talk show", foi "Como é difícil exercer a cidadania".

Foi bem diferente, falei para 700 pessoas, entre elas professores, advogados, promotores, juízes, procuradores do Ministério Público da Bahia, de São Paulo e de outros estados, além de especialistas em Direito. Eu me senti muito importante por estar lá. No total, eu e minha mãe passamos quatro dias em Ilhéus, eu adorei a cidade, fui muito bem tratada e consegui conhecer um pouco dos lugares.

Discussão sobre saúde e educação de qualidade reuniu especialistas em Ilhéus

POR ASSESSORIA DE COMUNICAÇÃO SOCIAL NO DIA 28 DE NOVEMBRO DE 2012 EM NOTÍCIAS

Ministério Público do Estado da Bahia
http://goo.gl/Ymrcl3

O aprendizado nos eventos

21 de novembro de 2012

470.704 seguidores

Esses eventos de que eu participava estavam sendo muito bons para mim, em todos os sentidos. Me ajudaram a diminuir minha timidez, me fizeram conhecer muita gente esclarecida, escutei e aprendi com outros palestrantes, troquei ideias, enfim, ganhei experiência. Com tudo isso, estava cada vez mais informada e enxergava cada vez melhor os problemas que aconteciam nas escolas públicas do Brasil. No seminário de Ilhéus, ganhei muito material e explicações sobre o dinheiro público nas escolas.

Muita gente comentava sobre a falta de preparo dos diretores e professores para lidar com as redes sociais, com as críticas, com a cobrança. Eu senti isso na pele. Falei sobre uma aula e fui parar na delegacia. Falei sobre outra aula e minha mãe está sendo processada. Aquilo não eram professores aceitando críticas.

Quando você vai a um restaurante e não gosta da comida, você não comenta? Quando vai ao cinema e não gosta do filme, pode falar sobre isso nas redes sociais? Se vai ao médico e ele erra, não é erro médico? Os políticos não são criticados diariamente? Por que não podemos criticar a escola? Por que não podemos comentar uma aula? A opinião do aluno não vale? Se um funcionário em uma empresa não está indo bem, a empresa pode demitir, mas, se um professor não vai bem em uma escola, ninguém pode fazer nada?

Esses eventos, em que eu pude escutar desde professores, até procuradores, promotores de justiça e outros especialistas e pessoas muito esclarecidas, que sabem do que falam, estavam sendo muito bons para me ajudar a formar minha opinião. Eu estava começando a conhecer o Brasil, suas diferenças, seus problemas, suas pessoas. Estava me dando conta de que o mundo era muito mais que minha escola e minha casa. Estava conhecendo pessoas reais da internet, pessoas inteligentes, pessoas modernas, que não estavam acomodadas, mas sim acompanhando as coisas, e que sabem que os tempos mudaram.

A escola tinha que mudar também, melhorar em tudo, desde infraestrutura a professores, direção e alunos. E existem muitos professores com toda vontade de mudar, acreditando que podem fazer diferença, ensinar de outras formas. Estamos no século XXI, na era da informática e da comunicação, essa é a realidade. Não adianta só ficar com lousa e giz, tem que incluir a internet, a tecnologia. A educação está no século passado ainda, ela tem que evoluir. E o que eu queria e quero é fazer a educação pública no Brasil virar referência e sinônimo de qualidade. Eu sei que é sonho, mas acredito que pode virar realidade.

A quadra é finalmente pintada

Foram necessários quatro meses de cobrança, mas valeu a pena. No dia 24 de novembro, a quadra finalmente terminou de ser pintada. É claro que foi com brigas, agressões, delegacia, ameaças de morte, com a tinta vencida e depois de quase dois anos da contratação e do pagamento do serviço. Mas pelo menos foi feito.

Com certeza, se isso tudo não tivesse acontecido, o pintor não iria pintar a quadra e ninguém nem sequer saberia que já existia um serviço pago há dois anos. Sinceramente, é isso que acontece quando as pessoas não estão nem aí para o dinheiro público. Ou então, pior, não sabem que quem pagou aquele serviço na verdade fomos nós, com os nossos impostos. Imagina quantos casos assim não existem nas escolas pelo Brasil! Ou as coisas estão quebradas e ninguém faz nada, ou o dinheiro não é usado para manter tudo arrumado, ou ele é usado de alguma "outra maneira", e a estrutura da escola, as merendas e tudo aquilo que deveria ser pago com esse dinheiro não está em ordem para a população usar. Isso sem falar em saúde, transporte, segurança, etc.

Por isso, nada mais justo que brigarmos pelo que é certo e fazermos acontecer o que deve acontecer. Foi a pintura de quadra mais cara do mundo, eu acho. Pelo menos para mim, pois custou boletins de ocorrência, minha avó machucada, delegacia, ameaça de morte, processos, agressões, brigas, calúnias, críticas, represálias e tudo mais. Mas fiquei muito feliz de ver a quadra linda e nova, como eu queria e achava que devia ser sempre.

Diário de Classe
24 de novembro de 2012

Como disse antes, estive em Ilhéus-BA. Lá estava muito bom, muitas pessoas legais e inteligentes, todas com vontade de melhorar. Estou aprendendo muito, conhecendo pessoas, trocando experiências. Mas vou falar sobre isso depois. Vim aqui para falar pra vocês que a QUADRA FOI PINTADA. Como não fui a escola ainda, não tenho muitos detalhes, me contaram que segunda a quadra estava interditada cedinho e ao meio dia já estava pintada. Terça já estava liberada para uso. Fico contente em saber que está resolvido esse problema que se arrastava desde MAIO 2011, quando foi contratado e pago o serviço. Também espero que a tinta não apresente problemas, mas com certeza o trabalho realizado na quadra tem garantia, depois de tanto tempo. Com a pintura da quadra, fica a lição pra todos. Insistam, persistam, não desistam de ir atrás de seus direitos. Não caia no papo da escola que "se resolve internamente". Isso é papo furado. Isso não funciona mais. Estamos na era da tecnologia e comunicação, na era da transparência, estamos no SÉCULO XXI. Precisamos de professores que saibam disso, que saibam que não são perfeitos, que saibam aceitar críticas como qualquer outro profissional. Alunos tem direitos a uma escola digna, um ensino de qualidade e a professores motivados e atualizados. Sempre que isso não ocorrer na sua escola, PROTESTE SIM, bote a boca no trombone, não deixe te calar! Não de ouvidos a quem mandar contra, pois sempre existirão os derrotados! O ensino tem que evoluir! A escola tem que ser boa e equipada! Se todos fizerem isso, vamos começar a mudar a educação pra melhor, pra todos!

Na revista *Newsweek*

No dia 17 de dezembro a importante e conhecida revista norte-americana *Newsweek* fez uma reportagem sobre mim, contando minha história em inglês. Me chamou de "a blogueira mais corajosa do Brasil" e levantou minha bandeira ainda mais alto.

O Brasil estava começando a ser muito observado pelos outros países, principalmente por causa do desenvolvimento econômico, da escolha para ser sede da Copa do Mundo e das Olimpíadas. Mas muita gente sabe, principalmente lá fora, que não adianta nada ter dinheiro e diversão e não ter educação, ou pelo menos não usar esse dinheiro para melhorar a educação, e acho que foi por isso que eles se interessaram e publicaram uma reportagem sobre mim. Fiquei contente demais, porque cada vez mais pessoas poderiam conhecer a verdadeira situação das escolas públicas deste país.

Revista Newsweek
http://goo.gl/a7FuWx

Isadora Faber: Brazil's Bravest Blogger
By *Mac Margolis*
Filed: *12/17/12 at 12:00 AM* | ***Updated:*** *1/2/13 at 12:48 PM*

Além dessa matéria, muitas outras foram bem importantes para mim, por me apoiarem e por falarem coisas sobre professores e ensino, que eu concordo totalmente, ou por fazer uma análise de algumas situações. Também foi publicada outra matéria sobre jovens que estão mudando o mundo pela educação, e eu fui incluída. E outra matéria em inglês foi publicada em um blog norte-americano. Os links estão abaixo.

3 de dezembro de 2012

496.746 seguidores

22/11/2012 - 03h00

Para Isadora Faber

DE SÃO PAULO

Jornal Folha de S.Paulo
http://goo.gl/Tz2oFs

Revista Veja
http://goo.gl/20YqPE

Pesquisa

O que pensam os professores brasileiros

As pessoas que optam pela carreira de professor não são derrotadas. Pelo contrário, são profundamente idealistas e querem mudar o mundo, mudando a vida de seus alunos, mostra pesquisa em VEJA desta semana. Mas persiste um problema: os profissionais sabem que eles não estão aprendendo

ALUNA DE 13 ANOS MOBILIZA INTERNET PELA EDUCAÇÃO

ISADORA FABER CRIOU UMA PÁGINA NO FACEBOOK EM JULHO PARA RECLAMAR DOS PROBLEMAS NA ESCOLA E SOFREU BULLYING DOS PRÓPRIOS PROFESSORES, MAS JÁ TEM MILHARES DE SEGUIDORES

Revista Época Negócios
http://goo.gl/tNQmth

Portal Aprendiz
http://goo.gl/mYfa6N

Seis jovens que estão mudando o mundo pela educação

Confira o perfil de Isadora Faber, garota que denunciou problemas da escola no Facebook

Renan Antunes de Oliveira
Do UOL, em Florianópolis 01/11/2012 09h47 > Atualizada 01/11/2012 15h57

Portal UOL Educação
http://goo.gl/GyLxvv

Revista ISTOÉ
http://goo.gl/KdMPoz

Dilma e Isadora

Uma estudou e a outra está na escola pública, que agora poderá, enfim, renascer

Courageous 13-year-old change agent

by Anne on October 12, 2012

Net Family News
http://goo.gl/1wuZsz

CAPÍTULO 12

Meio milhão

O final das aulas estava se aproximando, íamos entrar de férias no dia 20 de dezembro, e eu continuava com o Diário de Classe e postando. Era engraçado, porque eu nem precisava mais tirar fotos dos problemas, ou ir atrás deles, porque meus colegas faziam isso e mandavam para mim. A exposição era tanta, que eles sabiam que colocar na fanpage era o mesmo que contar para todo mundo. E eu ia postando.

Diário de Classe
5 de dezembro de 2012

Essa é uma das luzes do banheiro feminino. Não seria melhor consertar antes de maiores estragos?? Tem outras lâmpadas que estão ficando assim, acho melhor fazer a manutenção agora se não vão ter que fazer tudo de uma vez só.

Diário de Classe
5 de dezembro de 2012

Hoje a professora de ciências não foi, e nem a auxiliar eu acho, quero dizer que ficamos sozinhos durante uma aula inteira.

A festa dos 500 mil seguidores

No dia 6 de dezembro, o Diário de Classe atingiu a marca de 500 mil seguidores! Meio milhão de pessoas que conheciam e seguiam minha página! Fizemos um bolo e colocamos velas com o número 500, e eu gravei um vídeo para agradecer e comemorar.

Diário de Classe
6 de dezembro de 2012

500 mil!!!!! Obrigada a cada um de vocês pelo apoio a minha causa, educação de qualidade!!!

Indicação para prêmio

No dia 11 de dezembro, uma pessoa postou no Diário de Classe que eu havia sido indicada para o prêmio Faz Diferença, promovido pelo jornal *O Globo*, e deixou o link. Eu cliquei e vi que era uma das finalistas para a categoria de Educação.

6 de dezembro de 2012

502.480
seguidores

O jornal indicou três pessoas para cada categoria, e o público escolheria o vencedor. O resultado ia sair em janeiro.

Segundo o site do prêmio, ele "foi criado em 2003 e homenageia os brasileiros que mais se destacaram no ano. São pessoas, instituições e empresas que contribuíram para transformar o Brasil em um país melhor, com seu trabalho, suas iniciativas e seus exemplos. Coragem de mudar, determinação, talento, visão de futuro e solidariedade são qualidades que marcam os vencedores do Prêmio Faz Diferença".

Eu fiz um post sobre isso e, por causa da indicação, a Rádio Globo quis fazer uma entrevista comigo no programa Boa Tarde Globo. Fiquei bem contente, mas achei que não ia ganhar, porque, afinal, eu era uma menina de apenas 13 anos, e os concorrentes eram pessoas importantes, famosas e muito mais velhas.

Diário de Classe
12 de dezembro de 2012

Eu fiquei muito feliz por ser indicada para o prêmio Faz Diferença do jornal O Globo. Vote e escolha os brasileiros que contribuíram, com seu trabalho e talento, para mudar o país em 2012

Boa Tarde Globo
Entrevista: Isadora Faber

'Meus professores não me apoiam, dizem que o eu faço é ruim pra escola, mas eu não acho isso', afirma estudante criadora da página Diário de Classe

Rádio Globo
http://goo.gl/VreiWL

Eu tinha notas azuis, mas a escola não

18 de dezembro de 2012

517.498 seguidores

No dia 20 de dezembro, entrei oficialmente de férias. Eu e toda a escola, pois não havia recuperação, e ela nem era necessária, já que existia a aprovação automática. Era "democrático", passava todo mundo, alunos bons, alunos ruins, comportados e bagunceiros, os que tinham notas vermelhas e os que tinham notas azuis. Os alunos sem condição nenhuma de ir adiante também foram aprovados. Postei meu boletim, com todas as notas no Diário de Classe. Mais para a frente, iria comentar sobre uma nota "misteriosa" que estava lá.

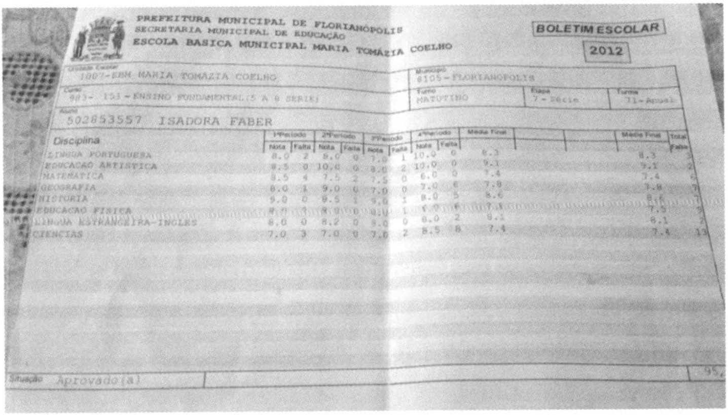
PREFEITURA MUNICIPAL DE FLORIANÓPOLIS
SECRETARIA MUNICIPAL DE EDUCAÇÃO
ESCOLA BASICA MUNICIPAL MARIA TOMÁZIA COELHO

BOLETIM ESCOLAR
2012

Unidade Escolar: 1007-EBM MARIA TOMAZIA COELHO
Município: 8105-FLORIANOPOLIS
Curso: 903- 151 - ENSINO FUNDAMENTAL(5 A 8 SERIE)
Turno: MATUTINO
Etapa: 7 - Série
Turma: 71-Anual
Aluno: 502853557 ISADORA FABER

Disciplina	1º Período Nota	1º Período Falta	2º Período Nota	2º Período Falta	3º Período Nota	3º Período Falta	4º Período Nota	4º Período Falta	Média Final	Média Final	Total Faltas
LINGUA PORTUGUESA	8.0	2	8.0	0	7.0	1	10.0	0	8.3	8.3	[illegible]
EDUCACAO ARTISTICA	8.5	0	10.0	0	8.0	2	10.0	0	9.1	9.1	2
MATEMATICA	8.5	4	7.5	2	7.5	0	6.0	0	7.4	7.4	[illegible]
GEOGRAFIA	8.0	1	9.0	0	7.0	0	7.0	6	7.8	7.8	7
HISTORIA	9.0	0	8.5	1	9.0	1	8.0	5	8.6	8.6	7
EDUCACAO FISICA	[illegible]	[illegible]	[illegible]	[illegible]	[illegible]	1	[illegible]	6	7.5	7.5	[illegible]
LINGUA ESTRANGEIRA-INGLES	8.0	0	8.2	0	8.0	0	8.0	2	8.1	8.1	2
CIENCIAS	7.0	3	7.0	0	7.0	2	8.5	8	7.4	7.4	13

Situação: Aprovado(a)

Depois das eleições, o prefeito mudou, mas ele convidou o antigo secretário da Educação, o senhor Rodolfo Joaquim Pinto da Luz, para reocupar o cargo. A secretária Sidneya de Oliveira na verdade era a secretária adjunta quando ele estava no cargo, e, assim que a campanha eleitoral começou, ele deixou o cargo para concorrer a vice-prefeito, e ela assumiu. Como o partido dele não ganhou, ele voltou a ser secretário de Educação no mandato do novo prefeito.

O senhor Rodolfo sempre soube de tudo do Diário de Classe. Ele inclusive sabia da gravação que nunca divulguei, porque mostramos na Secretaria de Educação. Ele tinha um discurso legal, falava com calma, tinha ideias boas, mas não adiantaria nada disso se na escola as coisas não acontecessem como ele dizia.

Mesmo de férias, eu queria saber se as contas do ano anterior estavam em dia, pois a Secretaria de Educação havia dito em agosto que a escola não recebia verbas por causa das prestações de contas. Uma pessoa que seguia a página me mandou o link do site da Prefeitura onde era possível saber isso: <www.pmf.sc.gov.br/ouvidoria/index.php?pagina=requisicao>.

Solicitei pelo site e indiquei na fanpage que todos fizessem o mesmo. Em poucos dias, recebi a resposta da Ouvidoria, que dizia que ainda existiam problemas na prestação de contas. Era evidente que teríamos os mesmos problemas no ano seguinte.

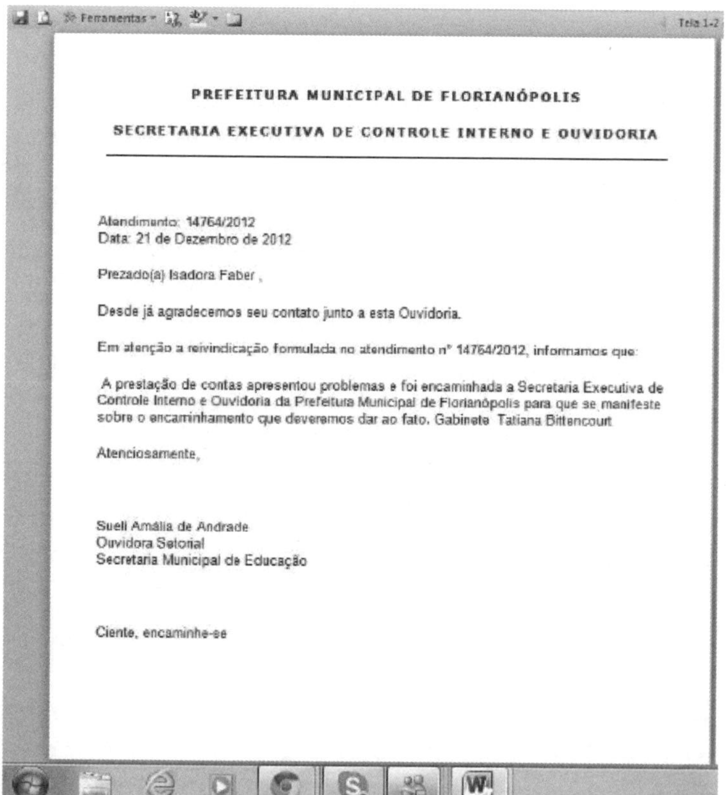

PREFEITURA MUNICIPAL DE FLORIANÓPOLIS

SECRETARIA EXECUTIVA DE CONTROLE INTERNO E OUVIDORIA

Atendimento: 14764/2012
Data: 21 de Dezembro de 2012

Prezado(a) Isadora Faber ,

Desde já agradecemos seu contato junto a esta Ouvidoria.

Em atenção a reivindicação formulada no atendimento nº 14764/2012, informamos que:

A prestação de contas apresentou problemas e foi encaminhada a Secretaria Executiva de Controle Interno e Ouvidoria da Prefeitura Municipal de Florianópolis para que se manifeste sobre o encaminhamento que deveremos dar ao fato. Gabinete Tatiana Bittencourt

Atenciosamente,

Sueli Amália de Andrade
Ouvidora Setorial
Secretaria Municipal de Educação

Ciente, encaminhe-se

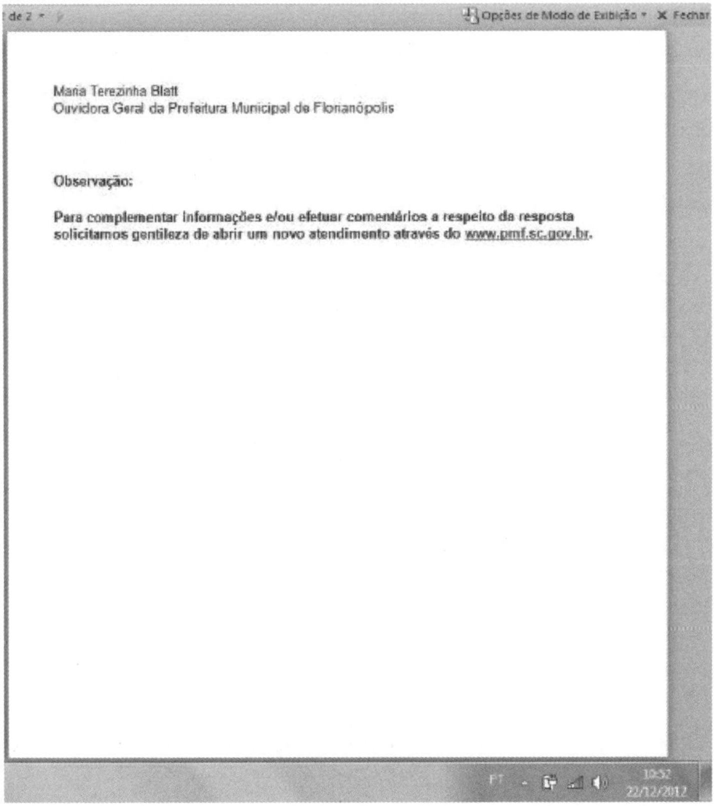

Maria Terezinha Blatt
Ouvidora Geral da Prefeitura Municipal de Florianópolis

Observação:

Para complementar informações e/ou efetuar comentários a respeito da resposta solicitamos gentileza de abrir um novo atendimento através do www.pmf.sc.gov.br.

No caso da minha escola, pelo jeito, nada iria mudar. A direção continuaria a mesma. A mesma que não prestou contas e que por isso não recebia verbas, que nunca me procurou para conversar, só para me criticar, que queria que o Diário de Classe saísse do ar, que fez B.O. contra minha mãe e meu pai e apoiou as professoras a fazerem B.O. contra mim e minha família.

Seria a mesma administração que nunca fez nada contra os funcionários que entravam em sala de aula para fazer campanha contra o Diário de Classe, que protegia alunos que me ofendiam, que não queria câmeras de vigilância, que deixava faxineiras entrar em salas de aulas para falar com alunos, que não queria esclarecer o caso da pintura da quadra.

Não dava para esperar mudanças, eu sabia que seria mais um ano empurrando com a barriga, mais um ano de muitas palavras e pouca ação.

31 de dezembro de 2012

528.404
seguidores

Eu sabia que a direção e os professores sonhavam em me ver em outra escola em 2013, mas no primeiro dia da rematrícula, mesmo estando em São Paulo, fiz pela internet, do aeroporto mesmo. Nada ia mudar para mim também. Eu estaria na mesma escola em 2013, de olho em tudo, eles podiam esperar. Eu ia ficar na Maria Tomázia, não ia desistir de nada, não era pressão que me faria mudar. Eu ia lutar para as coisas mudarem bastante e ia continuar contando no Diário de Classe, agora para meio milhão de pessoas, tudo o que acontecesse.

Férias

Depois de passar Natal e Ano Novo com a família, minhas férias em janeiro e fevereiro foram bem agitadas por causa do Diário de Classe. Eu participei de vários eventos, programas de televisão e palestras em diversos lugares do Brasil, o que foi muito interessante, apesar de cansativo. Não foram férias para descansar, como as outras, mas consegui aproveitar bastante, e também consegui passear e conhecer lugares novos. Antes dos eventos, no dia 17 de janeiro, o jornal *Correio Braziliense* fez uma reportagem sobre mim e sobre a fanpage.

Isadora Faber faz sucesso no Facebook com a página Diário de Classe

Publicação: 17/01/2013 15:38 Atualização: 17/01/2013 15:45

Jornal Correio Braziliense
http://goo.gl/CZIdvk

Encontro Nacional de Grêmios

No mesmo dia 17, fui a Recife com minha mãe e minha irmã Duda para participar do II Encontro Nacional de Grêmios, promovido pela União Brasileira de Estudantes

Secundaristas (UBES), que ia começar no dia seguinte, no campus da Universidade Federal de Pernambuco.

Era uma data especial, pois a UBES fazia 65 anos de existência. Eu ia dar uma palestra no dia 20, para mais ou menos mil estudantes do ensino médio. Passamos cinco dias lá e foi muito legal, pois pude passear e me divertir também. Recife é uma cidade linda, muito bem cuidada, com um ambiente muito bom e pessoas ótimas.

Blog da UBES
http://goo.gl/EkMRYZ

Educação »
UBES comemora 65 anos com encontro nacional de grêmios no Recife

Esse evento foi muito marcante para mim. O ministro da Educação, Aloizio Mercadante, ia falar no mesmo dia e estava na mesma mesa que eu. Tive a oportunidade de conversar com ele antes da palestra; ele disse que sabia do Diário de Classe e elogiou o meu trabalho.

O mais especial aconteceu na hora de contar tudo o que havia acontecido desde o começo da fanpage. Quando comecei a falar sobre as represálias e as críticas que eu sofri, das ameaças e dos ataques, eu me emocionei. Aí os estudantes começaram a gritar: “Isadora, guerreira, a nossa brasileira!”. Foi muito incrível. Adorei estar lá, foi um evento diferente, com jovens interessados e preocupados com a educação. Muito bom mesmo. Tirei fotos, e o jornal *Diário de Pernambuco* publicou uma matéria citando a minha participação.

Eu e o ministro da Educação, Aloizio Mercadante, em Recife

Na mesa, com os outros participantes

Educação »

UBES comemora 65 anos com encontro nacional de grêmios no Recife

Diário de Pernambuco
http://goo.gl/OeFum4

Tema de estudos

20 de janeiro de 2013

539.863 seguidores

No dia 24 de janeiro foi publicado um estudo sobre mim e sobre o Diário de Classe por uma pesquisadora chamada Karine Georg Dressler, da Universidade de Aveiro, em Portugal. O título era "Jornalismo cidadão no contexto de convergência tecnológica: O caso Diário de Classe". Achei muito interessante.

No dia 5 de outubro de 2012, houve uma publicação que me chamou muito a atenção. Era norte-americana, da Universidade da Califórnia, e eu fui tema de um estudo deles sobre educação. Fiquei bem contente de ver. Os estudos estão nos links abaixo.

Facebook, Public Education and Equity: A 13-year-old Fights for a "Better School"
By RAQUEL RECUERO | October 8, 2012 - 11:30am
Tags Civic Engagement, Public Education, Social Media, Youth & Participatory Politics

University of California Humanities Research Institute, EUA
http://goo.gl/PJRstM

Universidade de Aveiro, Portugal
http://goo.gl/mQM734

QUINTA-FEIRA, 24 DE JANEIRO DE 2013

Jornalismo cidadão no contexto de convergência tecnológica: O caso diário de classe

Campus Party em São Paulo

No dia 29 de janeiro, fui para São Paulo com minha mãe para participar da Campus Party, um evento sobre tecnologia, jovens, inovação e outros assuntos relacionados. Fui a convite do programa Social Good Brasil, de Florianópolis, com o qual já tinha palestrado, e falei junto com mais quatro pessoas sobre uso da tecnologia para mobilização e engajamento.

Foi muito bom participar, era um evento cheio de jovens, de pessoas pensando com a mente aberta, procurando soluções e imaginando um futuro melhor. Me identifiquei muito!

Na Campus Party, em São Paulo

DESTAQUES A- A+

Tecnologia para mobilização é tema de fórum social na Campus Party

Da Redação - 30/01/13

Tweetar 14 Recomendar 7

Da Promenino Fundação Telefônica

Portal Aprendiz
http://goo.gl/Au5u85

Portal EBC
http://goo.gl/Nh7veW

Notícias Colaborativo

Ativista de 13 anos, Isadora Faber é destaque em debate da Campus Party

Compartilhar Tweet 0 8+1 1 URL FIXA:

Antonio Simões - Conteúdo colaborativo 29.01.2013 - 13h43 | Atualizado em 29.01.2013 - 14h44

PERFIL

Conheça a história de Isadora Faber

A menina que revolucionou o uso do Facebook ao denunciar os problemas de sua escola

31/01/2013 16:02
Texto **Isadora Bertolini**

USO LIVRE EDUCAR PARA CRESCER

Revista Educar para Crescer
http://goo.gl/rXRAVG

Encontro com Fátima Bernardes, na Rede Globo

Uma vez, uma jornalista que também fazia parte da produção do programa Encontro com Fátima Bernardes, da Rede Globo, entrou em contato comigo, ainda em 2012, porque queria vir até minha casa fazer uma reportagem. Ela veio, depois acabei até ficando amiga dela no Facebook, e passou a acompanhar o Diário de Classe.

No final de janeiro, ela falou de novo comigo, me convidando para participar do programa da Fátima Bernardes e contar minha história. Topamos, e ficou combinado de eu ir no dia 28 de janeiro, segunda-feira. Eles mandaram as passagens e fui com minha mãe no dia anterior, porque o programa é ao vivo e de manhã.

Dormimos em um hotel em Jacarepaguá (que eles reservaram para a gente) que ficava perto do Projac, lugar onde ficam os estúdios da TV Globo e desse programa, e no dia seguinte cedinho fomos para lá. Eu achei incrível aquele lugar! Aliás, eu achei o Rio de Janeiro maravilhoso, apesar de nem ter conseguido ver muita coisa. Fiquei com vontade de morar lá! E o Projac é muito legal, eu fiquei apaixonada por tudo. Falei para a minha mãe que sempre que nos convidassem para ir lá a gente tinha que aceitar, porque era incrível, huehue.

Andamos naquele carrinho elétrico para chegar até o estúdio (lá é enorme, lindo, e parece uma cidade dos sonhos), e, chegando, fomos para o camarim feminino (tem um para homens e outro para mulheres). Tinha lanchinho com bolinho e várias coisas boas, além de maquiador e cabeleireiro, que me arrumaram antes de eu entrar no estúdio. Tinha também um monte de roupas, para quem vai no programa e precisa se trocar. Depois, deixaram a gente em uma sala de espera, que era linda também, até a hora de entrar.

31 de janeiro de 2013

544.811 seguidores

Fiquei na plateia esperando me chamarem. Só que no dia anterior tinha acontecido aquele acidente horrível na boate Kiss, em Santa Maria, e toda hora a Fátima Bernardes tinha que parar o programa e chamar o repórter ao vivo, que dava notícias do acidente. Por isso acabou não dando tempo de me chamarem. No final do programa, a produtora falou que eles ainda queriam fazer a minha "pauta", e que iam me ligar para marcar um novo dia para eu voltar.

Como eu tinha que ir à Campus Party, fomos para São Paulo no dia 29, e já recebemos de novo o telefonema da produção para irmos no programa na sexta-feira, 1° de fevereiro. Então ficamos em São Paulo até dia 30, voltamos para Floripa e, no dia seguinte, dia 31, já voamos de novo para o Rio. Naquela semana, acho que todos os dias eu andei de avião!

Mas foi ótimo, porque eu queria mesmo voltar para lá. No dia do programa, foi tudo bem legal. O tema era "volta às aulas", e eu falei sobre as melhorias que eu tinha conseguido na escola com o Diário de Classe, além de responder algumas perguntas. Ainda conheci e tirei fotos com a banda Strike, com o ator de Malhação Guilherme Leicam e com o ator de novela Bruno Garcia, que até me falou: "Espera que eu vou buscar meu celular que quero tirar uma foto com você, porque virei seu fã". Pelo link dá para assistir a minha participação.

Foto com todo mundo no programa
Encontro com Fátima Bernardes

Isadora Faber criou um blog para reivindicar melhorias na escola

TV Globo – Programa Encontro com Fátima Bernardes
http://goo.gl/RtEKbw

Dia mundial da internet segura

No dia 5 de fevereiro é comemorado o Dia Mundial da Internet Segura (Safer Internet Day, em inglês). Acontece em 85 países desde 2003 para conscientizar os internautas do uso seguro e responsável da rede. Em 2013, aconteceu um debate online, com o tema "Cidadania online", entre o jornalista Marcelo Tas, o deputado federal Jean Wyllys e a ministra dos Direitos Humanos, Maria do Rosário. Eu participei também, não ao vivo, mas com um vídeo gravado. Pelo link abaixo, dá para assistir ao debate inteiro.

Portal EBC
http://goo.gl/D85QtB

Tecnologia

Jean Wyllys, Marcelo Tas e Maria do Rosário comparam limites entre direitos virtuais e reais

Um ano melhor

No mesmo dia 5, eu postei no Diário de Classe sobre a importância de todos os alunos de escolas públicas participarem da melhora da educação, criando Diários de Classe e defendendo seus direitos.

Diário de Classe
5 de fevereiro de 2013

As aulas irão começar em breve, mais um ano irá começar. Este ano tem que ser um ano diferente, um ano melhor. Vamos todos unirmos para fazermos de 2013 o ano da virada da educação. Os alunos tem que ter sua participação. Converse com seus amigos e façam um Diário de Classe na sua escola. Vamos mostrar que os estudantes estão atentos e não irão deixar passar nada.

Toda escola tem que ter um Diário de Classe feito pelos alunos. Toda escola deve ter uma fanpage onde responda as críticas e publiquem melhorias. Toda escola deve ter um painel bem na entrada com as contas, para todos poderem ver afinal, a escola é pública. A direção da escola gosta muito de dizer "isso se resolve internamente, não é pra divulgar". Esse pensamento esta superado, é como o Orkut, ficou no passado. Hoje o que todos querem é transparência, saber como está a escola dos filhos, como está sendo gasto o dinheiro público.
O exemplo da honestidade, da responsabilidade, da dignidade, da transparência tem que vir da escola também. É na escola que passamos o maior tempo, lá aprendemos, conversamos, brincamos, mas também observamos. Por isso os bons exemplos tem que vir da escola. Alunos têm que se organizar para fazer os Diários. Comecem o ano com tudo! Ventilador quebrado, banheiros sem tampa, merendas, enfim, qualquer condição adversa tem que ser mostrada. Vamos expor a direção da escola, o prefeito, o secretário da educação, o governador, todos que forem responsáveis.
Chega de aguentar quietinhos, temos nossos direitos, queremos escolas dignas, com banheiros decentes, com merenda de qualidade, com infraestrutura para aprendermos. Queremos professores capacitados e motivados, e uma direção transparente e atuante. Vamos fazer de 2013 o ano da educação, o ano que o Brasil irá mostrar que tem vergonha do descaso que muitas escolas vivem, que temos vergonha de sermos enganados por promessas mentirosas, que nem todos são idiotas e acomodados. Vamos cobrar nossos direito sim, afinal, a escola é pública, mas não é de graça e é pra todos.

8 de fevereiro de 2013

550.239 seguidores

CAPÍTULO 13

O último ano na escola

As aulas recomeçam, as ameaças também

Minhas aulas recomeçariam no dia 18 de fevereiro, uma segunda-feira. Só que, no sábado anterior, apareceu no Diário de Classe uma postagem de uma pessoa desconhecida fazendo uma séria ameaça de morte para mim, para a minha família e para um amigo que me apoiava. Eu já tinha recebido centenas, até milhares, de críticas, mas uma ameaça assim era a primeira vez.

O que eu estava fazendo a ponto de ser ameaçada de morte? Por que quem me apoiava também era ameaçado? Se era uma brincadeira, era de muito mau gosto, porque estávamos vivendo uma onda de terror em Florianópolis, com ônibus queimados e bandidos enfrentando a polícia, e receber uma mensagem assim naquela época era bem assustador.

Eu denunciei para o Facebook e fomos novamente à delegacia, para fazer mais um boletim de ocorrência, na tentativa de que isso fosse investigado. Era a terceira vez que eu ia lá, mas meus pais já tinham ido mais. O delegado disse que eles iriam tentar rastrear o IP (a localização eletrônica) do computador para chegar à pessoa que estava ameaçando. Poderia não ser nada, mas poderia ser algo sério, a gente nunca sabe com quem está lidando. Talvez fosse uma adolescente mesmo, talvez fosse um adulto com perfil falso – era isso que íamos tentar descobrir. Mas o que eu sabia era que essa ameaça não me intimidaria, e eu não ia parar com a fanpage.

[   ] posted uma foto to your linha do tempo.
http://www.facebook.com/photo.php?fbid=189321397858275&set=a.187350118055403.7123.187336691390079&type=1&theater

Publicações recentes de outros usuários

Bruna Meneises Silva

PODE INDO APAGAR ESSA MERDA DE FÃ CLUBE ISADORA FABER PORQUE ELA É UMA RELAXADA PORCA RIDICULA E ELA JA TÁ COM OS DIAS CONTADO DE VOCÊ LUCAS ALVES E OUTROS QUE CUIDAM DESSA MERDA NÃO DELETAREM ESSA PAGINA EU VOU MANDAR MATAR VOCÊS EU SEI A ONDE A ISADORA FABER E VOCÊ LUCAS ALVES MORAM EU JÁ TENHO TUDO COMBINADO PRA FERAR COM VOCÊS SEUS PIRALHOS DE UMA MERDA VOU METER BALA BEM NA TESTA DE SUAS MÃES E DOS SEUS PAIS. TU E A ISADORA SÃO UMS FDPS EU VOU PEGAR VOCÊS NA SAIDA DA ESCOLA DELETA ESSE FÃ CLUBE SE NÃO QUISER SOFRER AS CONSEGUENCIAS BLZ SE LIGA FICA BEM DE OLHOS ABERTOS QUANDO FOR SAIR DE CASA E DA ESCOLA.

Curtir · Comentar · há 8 minutos

Hoje eu Recebi essa ameaça de uma menina eu meus pais ficamos completamente assustados ,Uma menina que eu não conheço e nunca fiz nada pra ela vem e me ameaça ,...

Ver mais

Mais uma vez, a imprensa noticiou o que acontecia comigo e com o Diário de Classe, e vários veículos publicaram notícias. Pelo menos, com a minha grande exposição e com o número de pessoas que seguiam minha página, eu estaria um pouco mais "protegida", pois muita gente estava de olho, acompanhando o que acontecia comigo.

Isadora Faber recebe ameaça de morte pelo Facebook

TV Globo RBS – Jornal do Almoço SC
http://goo.gl/M1CkcW

RBS Notícias – SC
http://goo.gl/y9cocl

Estudante Isadora Faber diz estar sofrendo novas represálias

Santa Catarina

Polícia rastreia autor de ameaça a estudante do blog 'Diário de Classe'

Delegado que investiga o caso vai solicitar à Justiça acesso a registro que pode identificar computador de onde partiu mensagem

Revista Veja
http://goo.gl/rKwtBi

ÚLTIMAS NOTÍCIAS

Isadora Faber, criadora do "Diário de Classe" recebe ameaça de morte

Clipping - 19/02/13

Tweetar 4 Recomendar 16

Do iG

Portal Aprendiz
http://goo.gl/hWLYuv

Jornal O Estado de S.Paulo
http://goo.gl/gmyMMt

Delegado promete revelar o nome de quem ameaçou Isadora Faber de morte em 30 dias

A adolescente catarinense denuncia problemas de sua escola no Facebook

19 de fevereiro de 2013 | 18h 40

Apoio do Sindicato dos Professores de São Paulo

Eu achei muito interessante que a APEOESP, que é o Sindicato dos Professores do Ensino Oficial do Estado de São Paulo (www.apeoesp.org.br), lançou uma nota oficial à imprensa no dia 24 de fevereiro para dizer que estavam indignados com o que tinha acontecido e que todos precisavam me proteger. Fiquei surpresa. Quando o sindicato dos professores do meu estado se manifestou, foi contra mim, mas o de outro estado me apoiava.

Você escreve

Maria Izabel Noronha: Devemos ajudar a proteger Isadora Faber

Viomundo
http://goo.gl/tsy9pw

Boas notícias para a educação em Santa Catarina

Para compensar as notícias ruins, no mesmo dia saiu uma notícia boa sobre a educação em Santa Catarina. O governador anunciou que eles fariam um "Pacto pela Educação", e com esse programa seriam investidos 500 milhões de reais em aprimoramento de estudantes e professores, melhorias na estrutura das escolas e também a entrega de 13 mil tablets aos professores do ensino médio, além de lousas digitais. O secretário falou inclusive sobre a capacitação para quem quiser ser diretor, que não seria mais por indicação. Se aquilo tudo acontecesse, seria um grande passo, e eu certamente ia acompanhar as notícias.

18/02/2013 13h18 - Atualizado em 18/02/2013 13h18

'Pacto pela Educação' prevê R$ 500 milhões de investimentos em SC

Governo destaca três eixos no programa: pedagógico, estrutura e gestão. Foi assinado projeto de lei que prevê reajuste de 8% a 15% ao magistério.

Portal G1
Santa Catarina
http://goo.gl/OXy1RF

O primeiro dia de aula

17 de fevereiro de 2013

555.857
seguidores

Aquele começo de ano na minha escola foi muito diferente dos últimos dias de aula do ano anterior. Quando eu cheguei lá, foi como se eu não existisse. Os professores, funcionários e até colegas me ignoravam. Eu me sentia invisível, o que era até bom, depois de tudo o que tinha acontecido. E eu preferia assim, era melhor ficarem quietos do que atiçando outras pessoas contra mim. Eu estava cansada de ter que ir à escola acompanhada de alguém da minha família, mas depois das ameaças eles acharam melhor continuar me levando e buscando.

Só que aquele primeiro dia foi completamente diferente dos outros principalmente porque a escola estava linda! As salas estavam pintadas, os ventiladores eram novos, o muro da frente estava todo arrumado e pintado, e tinham colocado grade na entrada. A escola estava novinha! Aquilo era exatamente o que eu queria quando tudo começou!

Minha escola estava novinha!

Se eu já tinha conseguido muitas melhoras para a escola, agora a conquista seria conseguir preservar e manter daquele jeito. Mas a escola era de todos, então todos tinham que ajudar a conservar. A direção da escola também tinha que fazer sua parte, ficar observando. Não adiantava só falar que a educação tinha que vir de casa, os professores precisavam ajudar ensinando isso também, a direção tinha que punir quem quebrava as coisas, fazendo os responsáveis pagarem pelo estrago. Eu acho que isso faz parte de uma administração atuante, que cuida da escola e zela pelo patrimônio público.

20 de fevereiro de 2013

574.405
seguidores

Destaque no jornal *Financial Times*

No final daquela semana, eu e minha família nos surpreendemos com uma notícia incrível: o jornal britânico *Financial Times* fez uma matéria sobre 25 brasileiros para se observar e acompanhar, e eu era um deles!

Descobri que esse jornal tem grande prestígio, e eu fiquei muito honrada de ser citada, porque estava ao lado de pessoas muito importantes das áreas de política, artes, negócios, esportes e outras.

25 Brazilians to watch

By Thalita Carrico, FT Brazil bureau

From a judo medallist and a top model to a trance DJ and a Supreme Court president, these are Brazil's rising stars

Financial Times
http://goo.gl/H9gSaA

Vários outros jornais, revistas e portais brasileiros mencionaram essa citação, porque ela foi considerada muito relevante.

Home / Brasil

Financial Times 26/02/2013 13:03 Comentários (17) Views (262.955) + Salvar notícia

Os 25 brasileiros que merecem atenção, segundo o FT

Jornal britânico publicou lista das "estrelas em ascensão" do Brasil, do mundo das artes aos negócios, passando ainda por política e esporte

Revista EXAME
http://goo.gl/qltxNI

Isadora Faber entra em lista de jornal inglês com 25 "estrelas ascendentes" brasileiras COMENTE

Do UOL, em São Paulo 27/02/2013 09h07

Portal UOL
http://goo.gl/2Nwx2Z

Portal Terra
http://goo.gl/IDrEiA

27 de fevereiro de 2013 • 10h43 • atualizado às 10h44

Financial Times destaca Isadora Faber entre "25 brasileiros para acompanhar"

Estudante catarinense Isadora Faber é a criadora do Diário de Classe, página no Facebook em que relata os problemas de sua escola pública

Isadora Faber, do Diário de Classe, é top em jornal inglês

Autora da página no Facebook está entre os 25 brasileiros que merecem atenção

Do R7

Recomendar 2 Tweetar 59 8+1 2 Pin it

Portal R7
http://goo.gl/Q5dy77

Jornal Diário Catarinense
http://goo.gl/WgHGSI

Educação 26/02/2013 | 22h04

Isadora Faber entra para a lista dos 25 brasileiros que merecem destaque pelo jornal Financial Times

Estudante catarinense criou uma página do Facebook para relatar os problemas da própria escola

Aulas perdidas, provas perdidas

Infelizmente, apesar da escola linda e em ordem, na primeira semana os professores já começaram a faltar, o que era bem comum, aliás. Como era início de ano, pelo menos um professor deixou atividades para a auxiliar passar para a turma.

Outra professora disse que iria haver aulas de reforço à tarde. Fiquei contente, porque parecia que, apesar das faltas de muitos, alguma coisa estava mudando. Fiz alguns posts sobre isso.

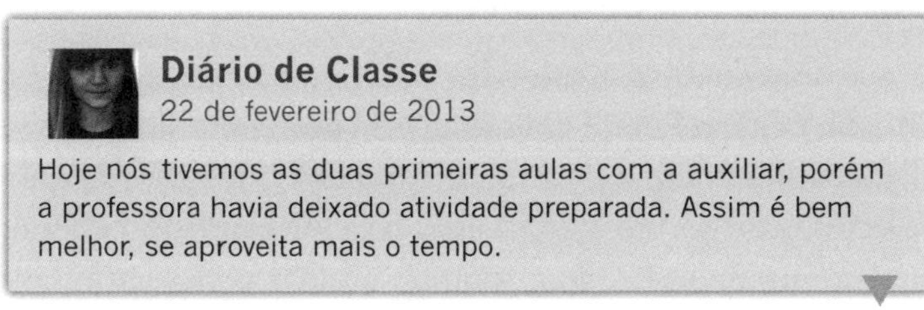
Diário de Classe
22 de fevereiro de 2013

Hoje nós tivemos as duas primeiras aulas com a auxiliar, porém a professora havia deixado atividade preparada. Assim é bem melhor, se aproveita mais o tempo.

Estou arrumando as malas. Amanhã vou viajar para Recife participar de um evento. Quem tiver oportunidade, participe, vai ser bem legal.

Diário de Classe
22 de fevereiro de 2013

Hoje na aula de ciências, a professora falou que como esse ano a matéria vai ser um pouco mais complicada, ela disse que irá dar reforços durante à tarde para quem tiver dificuldades. Gostei muito da ideia.

Infelizmente, ao longo do ano, não aconteceram essas aulas de reforço. As aulas prometidas devem ter sido em outra escola, pois na minha não teve nada. Além disso, três provas minhas foram perdidas, e a professora chegou a dizer sobre uma delas que eu é que não tinha feito. Mas eu tinha, claro! Ela então pensou e disse que ia me dar nota 5, pois era a média da escola. Eu não aceitei, já que tinha feito a prova e sabia que não tinha tirado menos que 8.

O ano inteiro se passou e ela não me devolveu nenhuma prova. Não concordo com inventar notas. Professor precisa dar aula, dar prova, corrigir e entregar para o aluno, já que aquilo é um documento e faz parte das atividades de quem dá aula. Por mais que as notas não sirvam para passar de ano nesse sistema de aprovação automática, servem para eu ver se aprendi.

Evento Papo de Universitário

Como eu disse no post, no dia 22 eu estava arrumando a mala para ir a Recife mais uma vez, pois tinha sido convidada para participar do evento Papo de Universitário, que ia acontecer no fim de semana, na Universidade Federal de Pernambuco. Era bom porque eu não ia perder aulas.

O tema era "Geração empreendedora: protagonistas da sua própria história". Foi muito divertido, gostei muito de participar, conheci pessoas novas e aprendi bastante. Na segunda-feira, fiz um post sobre a minha participação e sobre uma ideia que eu tive.

Eu, na frente da entrada do auditório onde foi o evento

Diário de Classe
25 de fevereiro de 2013

Estive em Recife este final de semana participando do papo de universitário na UFPE. Tava muito bom, um monte de pessoas legais, muitos contatos. Fiquei um tempão ontem no aeroporto, li tudo que estava ao alcance. Estava vendo as notícias, políticos corruptos, outros que não querem deixar o cargo mesmo ninguém querendo ele, desvios de verbas, votações, etc.
Então pensei: Os políticos tinham que fazer um Diário on-line de seu dia-a-dia. Nada mais justo para você poder acompanhar seu representante, saber o que fez, quais os projetos, perguntar aos seus eleitores quais os interesses ele deve defender, contar o que será votado e perguntar a opinião dos eleitores, publicar seus votos, mostrar os gastos do gabinete, quem são os assessores, enfim, TRANSPARÊNCIA.
Assim todos poderiam avaliar melhor seu representante, ver se ele esta cumprindo o que prometeu, se realmente esta defendendo nossos interesses ou se esta defendendo o que é melhor pra ele. Isso deveria ser com TODOS políticos, iria ajudar para saber em quem votar nas eleições. Com certeza não falta um assessor para fazer isso diariamente, contar a VERDADE. Quando você não concordar com suas atitudes, reclama na hora, publica mesmo seu descontentamento. Não temos esse direito?

Programa Altas Horas, com Serginho Groisman

28 de fevereiro de 2013

581.816 seguidores

Eu estava recebendo vários convites para participar de programas, eventos e palestras, e não dava para ir a todos, porque eu ia perder muitas aulas, já que na maioria das vezes, tinha que viajar e passar mais de um dia fora de Florianópolis. Mas sempre que conseguia, eu ia. E eu tinha recebido um convite para ir a um programa de que gosto muito, que é o Altas Horas, da Rede Globo, apresentado pelo Serginho Groisman e gravado na Rede Globo de São Paulo.

Eles me convidaram para ir lá para falar de tudo, principalmente da ameaça de morte que eu tinha recebido. O programa foi exibido no dia 2 de março, sábado, mas nós gravamos na quinta-feira, dia 28 de fevereiro. Eu fui com minha mãe para São Paulo e voltamos no mesmo dia. Chegamos às 11 horas da manhã, fomos direto para a Berrini, que é a avenida onde fica a Globo, e almoçamos lá dentro, em um restaurante muito bom.

Eu fui com a camiseta do Diário de Classe, e aconteceu até uma coisa engraçada. Minha mãe tinha insistido para eu levar outra roupa, por qualquer coisa, mas eu achei que, como íamos e voltávamos no mesmo dia, nem ia precisar. Só que no almoço eu deixei derramar feijão, e a gravação ia começar às 16 horas. Aí fui ao banheiro, lavei o lugar que tinha sujado, sentei no sol até secar, e nem precisou trocar por outra (que eles tinham com certeza, igual ao Projac, no Rio). Gostei muito de conhecer os outros convidados, como o Jean Willys, por exemplo. Depois da gravação, que terminou umas 7h30 da noite, já voltamos para o aeroporto para ir para Floripa. No link a seguir dá para ver a parte do programa em que eu apareço:

Isadora Faber conta que sofreu novas ameaças de morte

TV Globo – Programa Altas Horas, Serginho Groisman
http://goo.gl/YDE7UM

A nota que sumiu do boletim

Não eram apenas professores e provas que sumiam na minha escola. As notas desapareciam também. Só que depois apareciam misteriosamente.

No ano anterior, em setembro, eu tinha postado no Diário de Classe que o professor de inglês não estava indo porque estava doente. Depois, descobrimos que ele havia falecido, e por isso ficamos sem aulas e sem provas, e o boletim veio sem a nota de inglês do primeiro bimestre. Depois de muito tempo tendo aula com auxiliares, colocaram outro professor de inglês. Só que, no boletim final, como eu já havia postado no mês de dezembro, a nota de inglês do primeiro bimestre misteriosamente apareceu. Em março, fiz um post falando sobre isso e mostrando os dois boletins. De onde eles haviam tirado a nota? Acho que estavam fazendo a mesma mágica da professora de ciências, que perdia a prova mas sabia as notas. Assim era até fácil ter índice bom no IDEB, não é?

Diário de Classe
5 de março de 2013

Querem ver como é fácil manipular os índices? Olhem meus boletins que publiquei ano passado. Observem a nota de inglês do 1° bimestre. Não tem, não tivemos aula todo primeiro semestre, pois o professor estava doente e acabou morrendo. Até vir o outro professor, foi uma novela. Resolveu mesmo em setembro o problema do professor de inglês. Se repararem no último boletim, podem ver que surgiu uma nota, acho que o falecido professor mandou um e-mail do céu com as notas das provas que nunca ocorreram. Como explicar essa nota? Não fica bem pros índices ficar sem nota, coloca logo uma nota boa... huehue. Fazer índices com números inventados não vale pessoal, assim fica feio e ninguém acredita.

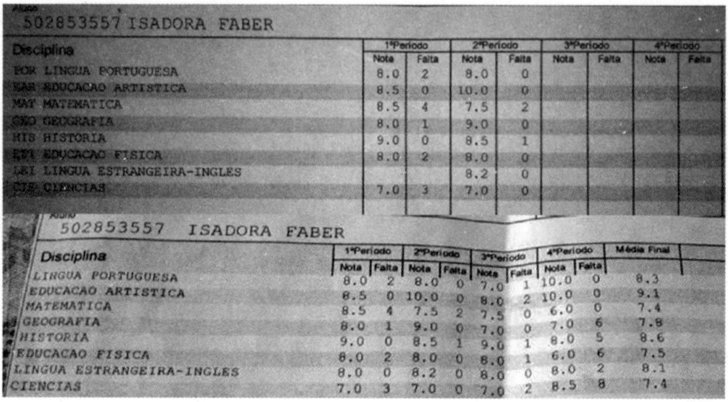

502853557 ISADORA FABER

Disciplina	1ºPeríodo Nota	Falta	2ºPeríodo Nota	Falta	3ºPeríodo Nota	Falta	4ºPeríodo Nota	Falta
POR LINGUA PORTUGUESA	8.0	2	8.0	0				
EAR EDUCACAO ARTISTICA	8.5	0	10.0	0				
MAT MATEMATICA	8.5	4	7.5	2				
GEO GEOGRAFIA	8.0	1	9.0	0				
HIS HISTORIA	9.0	0	8.5	1				
EFI EDUCACAO FISICA	8.0	2	8.0	0				
LEI LINGUA ESTRANGEIRA-INGLES			8.2	0				
CIE CIENCIAS	7.0	3	7.0	0				

502853557 ISADORA FABER

Disciplina	1ºPeríodo Nota	Falta	2ºPeríodo Nota	Falta	3ºPeríodo Nota	Falta	4ºPeríodo Nota	Falta	Média Final
LINGUA PORTUGUESA	8.0	2	8.0	0	7.0	1	10.0	0	8.3
EDUCACAO ARTISTICA	8.5	0	10.0	0	8.0	2	10.0	0	9.1
MATEMATICA	8.5	4	7.5	2	7.5	0	6.0	0	7.4
GEOGRAFIA	8.0	1	9.0	0	7.0	0	7.0	6	7.8
HISTORIA	9.0	0	8.5	1	9.0	1	8.0	5	8.6
EDUCACAO FISICA	8.0	2	8.0	0	8.0	1	6.0	6	7.5
LINGUA ESTRANGEIRA-INGLES	8.0	0	8.2	0	8.0	0	8.0	2	8.1
CIENCIAS	7.0	3	7.0	0	7.0	2	8.5	8	7.4

Quando eu publiquei isso no Diário de Classe, algumas matérias apareceram na imprensa.

> **Isadora Faber acusa escola de "inventar" nota em boletim**
>
> · Autora do "Diário de Classe", no Facebook, denuncia que não teve aulas de inglês no primeiro bimestre de 2012, mas recebeu nota 8

Jornal O Globo
http://goo.gl/IPOnYI

Portal Terra
http://goo.gl/e6l4KT

> 06 de março de 2013 • 15h05 • atualizado às 15h07
>
> Isadora Faber reclama de nota que 'surgiu' em boletim mesmo sem aula

Matérias de revistas

7 de março de 2013

590.658
seguidores

Em janeiro, saí na revista *Educação*, que fez um perfil meu e também entrevistou a diretora da minha escola. Em fevereiro, a revista adolescente *Todateen* fez uma reportagem sobre a minha história, e eu achei legal, pois é uma revista para pessoas da minha faixa etária. Em março, saí na revista *Vida Simples*, em uma matéria sobre pessoas que usaram a internet e as redes sociais para serem ouvidas. E mais para o fim do ano, a revista *Capricho* me colocou como um dos jovens que estão mudando o mundo. Nos links abaixo dá para ver as matérias.

Diário de Isadora Faber - uma versão
Um dia com a família da menina que chamou a atenção dos brasileiros para a educação pública em 2012 com suas opiniões em uma página na internet

Revista Educação
http://goo.gl/h3HxDZ

Revista Educação – Entrevista com a diretora
http://goo.gl/kKPTnD

Entrevista Liziane Diaz
"Retomar a tranquilidade da escola não é fácil"

BULLYING, CAMPANHAS, DEPOIMENTO, ENTREVISTA, PERFIL
Conheça a história de Isadora Faber, criadora da página "Diário de Classe" no Facebook
Postado por MELISSA MARQUES

Revista Todateen
http://goo.gl/qOFqBU

Revista Vida Simples
http://goo.gl/MKfpgG

Vida Simples: Vozes na rede

As histórias incríveis de jovens que mudaram o mundo!
Com coragem e boas ideias, eles foram capazes de se destacar na multidão

Revista Capricho
http://goo.gl/XUQJFB

CAPÍTULO 14

Os problemas não terminavam

No mês de março de 2013, o Diário de Classe alcançou a marca de 600 mil seguidores. Era muita gente, um alcance gigante, algo que nunca imaginei. E eu não parava de receber mensagens. Eram pedidos de ajuda para denunciar outras escolas, pessoas contando barbaridades que aconteciam nas salas de aula, professores falando de agressões físicas que sofriam de alunos, jovens pedindo orientação sobre como manter um Diário de Classe, pessoas fazendo denúncias em outros tipos de serviço público, gente criticando, gente elogiando. Mas o que mais tinha era gente pedindo para eu ajudar. Existiam quase 10 mil mensagens acumuladas do Diário de Classe que eu não conseguia responder. E todos os dias chegavam muitas, mas eu não dava conta de ver e escrever para todo mundo, como no início.

Na minha escola, não é porque as coisas tinham melhorado que tudo estava resolvido. Ainda tinha alguns problemas, que não eram mais coisas quebradas, mas sim atitudes de funcionários e, principalmente, falta de aulas.

Extensão de casa

A gente precisava preservar a escola que havia sido reformada, mas precisava também ter atitudes que combinavam. Tudo bem que era bom se sentir em casa na escola, mas os funcionários estavam abusando. Lavar calcinhas e deixar secar na porta da cozinha? Um pai de aluno me alertou e eu postei na página. No dia seguinte, as calcinhas já não estavam mais lá. Ainda bem.

Diário de Classe
7 de março de 2013

Hoje o pai de um aluno me chamou a atenção indignado com a situação e com toda a razão. Tem funcionário que abusa, a escola é pública, mas não é a casa de ninguém, é um local de trabalho. Lavar as calcinhas e deixar pendurado na porta da cozinha é demais, vocês não acham que é um abuso?

Varal com calcinhas na porta da cozinha da escola

A vida não era bela

Como eu já disse, as aulas tinham começado havia pouco tempo, mas os professores já faltavam bastante. Quando isso acontecia, já sabíamos: aulas com auxiliares. Claro que tínhamos professores bons, mas infelizmente existiam professores e auxiliares que não se empenhavam em fazer algo adequado para os alunos. Alguns professores nem se importavam, ficavam na porta da classe e diziam: "Se eu não trabalhar, ganho do mesmo jeito".

Naquele ano, foi até engraçado, porque acabamos assistindo a um filme (*A vida é bela*) em pedaços. Já ficou definido que quando um professor faltasse aconteceria isso, ou seja, eles já previam isso. No final, teríamos que fazer um trabalho sobre o filme.

O filme começou em março, tivemos outro pedaço em junho e terminamos em agosto. Assistir a um filme de duas horas, em três pedaços, durante seis meses... Quem se lembraria de alguma coisa para fazer o trabalho? Se pelo menos fosse em três dias seguidos... Parecia brincadeira de mau gosto. Eu fiz os posts quando os trechos foram passados.

A *vida é bela*, parte 1, em março:

Diário de Classe
13 de março de 2013

Hoje o professor de Geografia não foi, então tivemos "aula" com a auxiliar. A "aula" foi o seguinte: assistir a um pedaço de um filme, aí, quando faltar outro professor, veremos mais um pedaço. Quando terminarmos de ver, faremos um trabalho sobre o filme. Acho que um profissional que ganha R$ 2.211,12 (já descontado tudo. Fonte: Portal da Transparência) por mês para ser PROFESSORA AUXILIAR (só dá "aula" se um professor de verdade faltar) poderia se preocupar um pouco mais em dar uma aula melhor, ou então nos libera para o pátio ou para biblioteca e poupa a prefeitura e todos os contribuintes deste gasto mensal. Afinal, pra ver filme no projetor não precisamos de professor, não é mesmo?

A *vida é bela*, parte 2, em junho:

Diário de Classe
3 de junho de 2013

"Hoje a professora de português não foi, então tivemos a continuação do filme A Vida é Bela. A primeira parte foi dada em 13 de março de 2013 quando o professor de geografia faltou, publiquei aqui. No dia 15 de março, faltou a professora de Educação Física, mas fizemos outras coisas. Hoje, dia 3 de junho, vimos mais uma parte. Resta saber quando iremos terminar, pois de 50 em 50 dias, a previsão é pra depois das férias. Se os professores ou a secretaria de educação acham legal ver um filme em 3 partes com "breves" intervalos de 50 dias, não concordo. Depois vão querer um texto explicativo do filme, parece brincadeira.

Se não tem professor que possa fazer algo de útil nas aulas que os professores faltam, que liberem a turma. Será tão difícil assim arranjar algo proveitoso? Será que não tem um curta, um documentário que possa ser visto em uma aula de 50 min? Isso prova que não existe plano para preencher as aulas dos professores faltantes, ou não tem professores à altura para tal. Que fazem as auxiliares quando não estão dando "aulas"? Receber salário para dar pedaços de filme de vez em quando, parece pouco. Será que não tem capacidade para fazer algo melhor? Cada vez me convenço mais que a secretaria gosta de apadrinhar incompetentes. A Diretora vai acabar 3 anos de gestão sem sequer constituir uma APP para escola, que bela gestão... e as verbas? Trancadas é claro, afinal não tem APP."

A *vida é bela*, parte 3, em agosto:

Diário de Classe

21 de agosto de 2012

Hoje o professor de Geografia faltou pela segunda vez essa semana. Na segunda, com a auxiliar no horário dele, terminamos finalmente de ver o filme A Vida é Bela que começamos a ver em março, vimos outro pedaço em em junho e finalmente agora na segunda. Assistir um filme em 3 "suaves prestações" ninguém merece, é pura "matação" de tempo. Hoje, a Auxiliar nos fez recortar bandeirinhas para festa do colégio. Poxa, estamos na 8° série, todos teremos que prestar provas para conseguir uma boa escola ano que vem e nos fazem recortar bandeirinhas? Precisa Auxiliar de Ensino pra assistir filmes ou recortar bandeirinhas conosco? Agindo dessa forma acabam se transformando em Auxiliar de Passatempo, apenas isso.
Hoje a merenda foi bolacha maria e café com leite, mas agora não estou conseguindo carregar a foto no facebook, vou ficar devendo.

Uma professora auxiliar já tinha entrado com processo contra minha mãe por causa de minhas postagens, mas eu acho que, se uma pessoa não transmite nenhum conhecimento, não ensina, não orienta ou não mostra como pensar, ela não é um professor, e essa é minha opinião. Eu adoro ver filmes, acho que eles podem mesmo ensinar, mas o problema é ver apenas uma parte de um filme sem saber quando veremos o final. Ou nós temos que torcer para faltar outro professor para terminarmos de ver o filme?

Em um dos encontros, seminários e palestras de que eu vinha participando, escutei o seguinte: "Se um professor, cada vez que entrar na sala de aula, conseguir ensinar uma coisa nova bem ensinada, ganhar 15 mil reais é pouco. Agora, se o professor não consegue transmitir nada de novo nunca, não acrescentando em nada na sua educação, mil reais é muito".

E eu achei muito certo, porque o valor de um professor está no que ele faz. No Portal da Transparência da Prefeitura de Florianópolis se pode consultar a remuneração de qualquer servidor, inclusive do prefeito. Queremos qualidade de ensino, não apenas quantidade de aulas para cumprir calendário, sem conteúdo. Isso não serve para nada, a não ser para aprovação automática, para matar o tempo e fingir que os professores ensinam e que os alunos aprendem.

A qualidade da merenda

22 de março de 2013

602.149 seguidores

Eu sempre postava fotos de comida, e quem já entrou no Diário de Classe sabe disso. Não apenas por causa da Martha Payne, mas porque isso faz parte da educação pública. Estar bem alimentado é importante para o aprendizado. Além disso, existe a verba pública da merenda, e é muito comum ficarmos sabendo de problemas com o uso dessa verba, em escolas de todo o Brasil. A merenda precisa ser de qualidade e deve estar dentro da validade. Todas as escolas deveriam mostrar o que está sendo servido nas merendas, e seria uma maneira fácil de a população ajudar na fiscalização. Uma notícia foi publicada em abril sobre a reprovação da merenda escolar nas escolas estaduais, e por isso fiz um post comentando e explicando por que eu postava fotos da merenda quase todos os dias.

ALIMENTAÇÃO ESCOLAR

Merenda do Estado é reprovada

O Conselho Estadual de Alimentação Escolar de Santa Catarina apontou 13 irregularidades na merenda escolar da rede de ensino estadual.

Segundo o documento entregue ao Ministério Público Federal, os problemas teriam sido identificados no serviço prestado pelas quatro empresas responsáveis pela merenda escolar terceirizada no Estado desde 2010: ERJ, Coan Alimentação e Serviços, Nutriplus e Risotolândia.

Entre os problemas identificados estão a má qualidade dos alimentos e a falta de estrutura física adequada para refeições nas escolas. Segundo um relatório da Secretaria de Estado da Educação, o caso mais grave seria o da empresa ERJ, que atende cinco cidades e que deve apresentar um plano de melhora até sexta-feira.

Diário de Classe
1 de abril de 2013

Sei que a maioria dos apoiadores sabe, mas vou esclarecer para alguns que sempre falam da postagem da merenda. Acho importante todos saberem como está a merenda nas escolas de seus filhos, o que estão comendo, o que é oferecido, enfim, o que fazem com a verba das merendas. Dizer que tem muita escola pior não muda nada. Temos que mostrar, não podemos nos conformar. Façam publicações aqui mesmo no Diário das merendas diárias das inúmeras escolas do Brasil, com nome da escola e cidade. Sempre tem nutricionistas dando opiniões, promovendo o debate, procurando o melhor, isso é o que importa. Eu apenas coloco o cardápio com a foto, não estou criticando, estou apenas comunicando, e às vezes comento alguma coisa. Hoje a merenda foi mingau e maçã.

Professores que não aceitam críticas

Na 8ª série, minha turma era de 37 alunos e tínhamos oito professores. Sete deles davam aulas muito bem, não tínhamos problema. Os alunos gostavam e aprendiam. Mas as aulas de um dos professores infelizmente me lembravam as do professor de matemática demitido no ano anterior. Ele não conseguia controlar a turma. Nas aulas dele, todos faziam bagunça, falavam muito e ninguém conseguia aprender, e ele não tinha o mínimo controle da classe.

No dia 2 de abril, fiz uma postagem sobre esse professor e suas aulas. E é claro que muitos professores vieram comentar contra, dizendo que eu estava "ofendendo a classe inteira dos professores". Então, tive que postar e explicar melhor o que eu disse em outro post.

Mas então não podemos criticar um professor, temos que aceitar quietos? Uma crítica a um professor em particular é ofender a todos os professores?

E se eu criticar o trabalho de um cabeleireiro, ou de um médico, estou ofendendo a classe inteira desses profissionais? Em todas as profissões existem profissionais e profissionais, existem pessoas e pessoas. Se eu tivesse falado que, entre os 37 pacientes de oito médicos, somente os pacientes de um médico não melhoraram ou morreram, mas os pacientes dos outros sete médicos melhoraram e foram para casa, o que iríamos pensar? Ou então, se eu dissesse que, de 37 prédios construídos por oito engenheiros diferentes, apenas os prédios de um engenheiro apresentaram problemas ou caíram, e o resto estava em pé normalmente, o que poderíamos concluir? O que quero dizer é que não podemos generalizar, cada um é cada um. E, no caso dos professores, precisamos saber quando o problema é da turma e quando o problema é do professor.

Uma professora postou nos comentários da fanpage uma coisa com a qual eu concordo: "O professor tem que ter postura! Ele não precisa mandar, tem que ter uma liderança intrínseca, tem que saber motivar seus alunos. Sou professora e nunca precisei aterrorizar meus alunos, nem tampouco fizeram um mercado de feira em minhas aulas! Este professor precisa de ajuda, mas os alunos não podem ser penalizados porque ele não tem uma postura adequada. Já vi isso acontecer e muito. Ele precisa repensar sua prática. Não sou corporativista e não adianta tentar mascarar a realidade!".

Aqui reproduzo os posts que fiz sobre o assunto.

Diário de Classe
2 de abril de 2013

Hoje quero falar sobre a mudança de comportamento dentro das salas de aula. Na minha aula são 37 alunos. Na maioria das aulas, a turma se comporta direito, faz silêncio, todos podem aprender. Mas em determinada matéria, infelizmente, não é possível aprender. O professor perdeu totalmente o controle da turma. Não consegue ensinar nada, uma bagunça, um barulho, todos falando ao mesmo tempo, fazendo de tudo. Este ano tenho 8 professores, apenas em uma matéria acontece isso. Os alunos são os mesmos, então, o que acontece? Claro que os alunos têm sua parcela de culpa, mas e o professor? Será que não tem culpa também? Acho que não adianta o professor saber muito, ter mestrado, se não tem condições de manter a disciplina para ensinar. Deveria ter alguém que assistisse a umas aulas para poder avaliar o potencial do professor. Não é justo com os alunos que querem aprender.

Diário de Classe
10 de abril de 2013

Fico impressionada como os professores não sabem lidar com críticas. É só falar alguma coisa de alguma aula, de algum professor e todos se unem. A culpa é de qualquer coisa, menos do professor. Tem uma professora que publicou aqui mesmo no Diário que ofendi toda categoria, olhem o que ela disse: "Estou perplexa com a publicação do Diário de Classe de 2 de abril, acho que o professor, assim como toda classe foi ofendida publicamente! Muito triste...".
Será que se dão conta que estão todos se nivelando por baixo? Jamais generalizei, pelo contrário, disse 1 entre 8. Professores são pessoas como qualquer outra, erra sim, ninguém é perfeito e tem aulas muito mal dadas que não é culpa de aluno nenhum, essa que é a verdade. Eu sei bem como é isso, sou muito criticada, tem até páginas contra mim e o Diário com muitos seguidores, e outras sem fundamento nenhum, de gente parada no tempo que pensa que a vida é uma peça de teatro. Já sei como tirar proveito delas, filtrar e aproveitar o que tem fundamento, inclusive já palestrei para empresários sobre como enfrentar as críticas. Para melhorar a educação, muita coisa tem que mudar, não se esqueça disso.

Prêmio Faz Diferença

Eu fui indicada havia algum tempo para o prêmio Faz Diferença, promovido pelo jornal *O Globo*, e o pessoal da organização do prêmio ligou informando que eu tinha ganhado na categoria Educação. Eu nem acreditei que tinha sido eu, porque sabia que muita gente importante estava participando, e aquilo realmente era uma coisa grande. Primeiro tinha uma votação popular, que foi encerrada no dia 19 de fevereiro, e depois os mais votados iam para um júri, que escolhia o vencedor.

Então, no dia 27 de março, fomos eu, meu pai, minha mãe e minha irmã Duda para o Rio de Janeiro, para participar da festa de premiação, que ia acontecer no famoso Hotel Copacabana Palace, que é muito lindo. Fomos no mesmo dia do evento, e foi uma correria, porque saímos de Floripa às 11 horas da manhã, chegamos à 1h20, fomos almoçar no centro do Rio, e eu tinha que ir às 14 horas para uma palestra, sobre "Efeitos na era digital", na Escola Superior de Propaganda e Marketing (ESPM). Saímos de lá às 16 horas e fomos para o hotel nos arrumar, porque a festa era muito chique. Ainda bem que deu tempo, porque ficamos em um hotel ao lado do Copacabana Palace, na avenida Atlântica.

Chegando lá, tudo era maravilhoso, fiquei deslumbrada. Primeiro serviram um coquetel na varanda do hotel, e tinha de tudo. Depois, nos chamaram para ir ao auditório, porque ia começar a entrega dos prêmios. Os apresentadores foram dois dos maiores jornalistas do país, o Ancelmo Gois e a Miriam Leitão. E eu recebi o prêmio das mãos do editor de Educação Willian Helal e do editor executivo Paulo Motta. O presidente do Supremo Tribunal Federal, Joaquim Barbosa, ganhou o prêmio de Personalidade do Ano. Foram premiadas pessoas muito conhecidas e importantes, como o técnico esportivo Zé Roberto Guimarães, a cantora Gal Costa, a atriz Bibi Ferreira e o ator Selton Mello.

Fiquei muito feliz, muito honrada mesmo. Mas, melhor que o prêmio que recebi, foram as pessoas que conheci. São pessoas importantes, interessadas em fazer o melhor para o Brasil. Tenho que confessar que não conhecia grande parte delas, mas, além de conversar com elas, depois procurei na internet para saber mais. E saber que posso contar com o apoio dessas pessoas se eu precisar me dá forças para continuar, pois tem muita coisa para ser resolvida.

Quando a premiação acabou, a Miriam Leitão nos convidou para continuar lá, e serviram tudo de novo. Depois ainda teve café, biscoito e doces. E, nessa hora, um senhor chegou perto de mim, me deu um beijo em cada bochecha e me disse: "Você merece mais que ninguém esse prêmio. Sempre que precisar, pode contar com a gente". Era o José Roberto Marinho, vice-presidente das Organizações Globo e filho do jornalista Roberto Marinho, que eu admiro muito, e por isso escolhi a frase dele para o começo deste livro.

Vídeo do Prêmio Faz Diferença
http://goo.gl/YFBBms

Jornal O Globo
http://goo.gl/kKD2GB

28/03/2013 - 00:05
Faz Diferença: Isadora Faber cita Roberto Marinho

Ministro do Supremo Tribunal Federal, Joaquim Barbosa

Ex-ministro do Supremo Tribunal Federal, Ayres Britto

Vice-presidente das Organizações Globo, José Roberto Marinho

Prêmio que recebi

Todos os premiados da noite

Editor de Educação do jornal *O Globo*, Willian Helal, e o editor executivo Paulo Motta

Presidente do jornal *O Globo*, Marcello Moraes

31 de março de 2013

610.888
seguidores

Aprendi muitas coisas nesses eventos, e, mesmo perdendo algumas aulas, aprendi coisas que a escola nunca iria me ensinar, como conhecer mais como as coisas funcionam, ver outras cidades, trocar ideias e também ver como são as pessoas. Ver que existem alguns que podem olhar bem na sua cara e falar mentiras, e outros que podem falar uma coisa na sua frente e fazer outra nas suas costas. E outros que podem não falar nada mas ajudar muito. Por isso, aprendi também que, com o apoio das pessoas certas, tenho certeza de que podemos mudar não só a educação, mas o Brasil de um modo geral, pois acredito que a educação é a base de tudo, ninguém me faz mudar de ideia.

Para quem quiser ver, a seguir estão o link da parte do evento em que eu apareço, o site do prêmio com todas as informações e também a reportagem completa no jornal.

Evento "Efeitos da era digital"

Como eu disse, no mesmo dia 27 de março, antes de ir ao prêmio Faz Diferença, participei à tarde de um evento na Escola Superior de Propaganda e Marketing (ESPM) do Rio de Janeiro chamado "Efeitos da era digital", promovido em conjunto com o jornal *O Globo*. Já que eu ia estar no Rio, eles me convidaram para estar lá também.

Na verdade, foi um bate-papo com um professor de marketing digital da ESPM, chamado Klaus Denecke Rabello. Foi mediado pelo William Helal, editor do caderno de Educação do jornal (que me entregou o prêmio à noite). O evento era para discutir a era digital na vida dos estudantes e foi muito bom ter participado.

Diário de Classe e ativismo
Publicado em 1 de abril de 2013 às 15:57 | Autor: Anna Beatriz Vasconcelos | Tweetar 1
ESPM-RJ promove debate sobre tecnologia e educação com o Encontros O Globo nas universidades

Site da ESPM
http://goo.gl/amzEAG

Jornal O Globo
http://goo.gl/oOkO8B

Encontro do GLOBO debate tecnologia e educação

I Encontros O GLOBO nas universidades

I Encontros O Globo nas Universidades
http://goo.gl/ai1HLb

Bom só enquanto durou

No dia 3 de abril, havia uma viatura da Guarda Municipal na frente da escola, como a diretora queria, já que tinha ido na delegacia pedir mais segurança. Naquele dia, durante as aulas, também passaram dois guardas se apresentando e explicando que estariam na escola para casos de briga ou desentendimentos, ou seja, para cuidar da segurança. Eu queria registrar a novidade, e deixei para bater a foto da Guarda Municipal na saída, mas eles já não estavam mais lá, e justamente no horário de maior movimento.

No dia 5, três universitários, estudantes de Medicina, passaram nas salas de aula se apresentando e informando que em todas as sextas-feiras até o final do ano eles estariam na escola para o caso de alguém ter alguma dúvida sobre sexualidade, DSTs, prevenção de gravidez, etc. Achei excelente.

Infelizmente, aquelas duas boas notícias foram como a maravilhosa notícia da professora de ciências sobre as aulas de reforço. Elas não duraram muito. No dia seguinte, os guardas já não estavam mais na escola, e os universitários foram embora no meio do ano.

Indicação ao prêmio The Bobs

No dia 8 de abril, fiquei muito surpresa e feliz com a indicação do Diário de Classe para concorrer ao prêmio The Bobs, que "destaca os sites e blogs que tiveram importância na liberdade de expressão e no discurso aberto na internet". Discussão no Diário de Classe não faltava mesmo, dava até muitas brigas virtuais. Eu acabei não ganhando, mas como é um prêmio mundial, achei muito bom mesmo só tendo sido indicada.

The Bobs
http://goo.gl/Jh2xWU

Estrago na escola

20 de abril de 2013
615.032 seguidores

No meio de abril, foram cortar os galhos das árvores na escola, mas consertaram uma coisa e estragaram outra. Acabaram cortando as redes de proteção da quadra, e eu postei a foto no Diário de Classe. Achei um descaso com o patrimônio público e queria saber quem ia pagar e quando iam consertar aquilo. Provavelmente, ia ficar assim mesmo. E foi o que aconteceu, porque nunca vi consertarem.

O estrago na rede da quadra

Greve e corrupção

No dia 23 de abril, não tivemos aula porque os professores municipais entraram em greve. Começaram pedindo um monte de coisas para ter apoio de todos, mas aparentemente bastava acertar o salário e tudo voltaria ao normal.

Alguns dias antes da greve dos professores, estava marcada para acontecer no Brasil inteiro a Marcha contra a Corrupção, que seria uma manifestação em protesto por esse enorme problema do nosso país. Mas em Floripa tinha muito pouca gente. E eu ficava pensando nas greves e ficava pensando nisso, e me perguntava: por que um movimento assim não tem aceitação?

Fiquei muito decepcionada, imaginava que as pessoas se importassem mais. Via pela TV outros países se mobilizando, cobrando seus direitos. E aqui? Estádios lotados, carnaval cheio, e, na hora de lutar por direitos, pouca gente se apresenta. Parecia que no Brasil acontecia a mesma coisa que acontecia na minha escola, só que em proporção maior. As coisas estavam erradas, e ninguém fazia nada, só se conformava.

A corrupção afeta a todos, sem exceção. Roubam de uma nação inteira do tamanho do Brasil, e todo mundo acha normal, todos acostumados a serem passados pra trás. Poxa, estão roubando de você, de seus filhos, de todos, e todo mundo conformado? Será que todo mundo é egoísta, só participa de coisas que sejam boas para si próprios? Será que todos pensam assim: "se estiver bom para mim, o resto pode explodir"? Essa é a impressão que eu tenho. Por isso as escolas públicas estão como estão e ninguém quer fazer nada.

Nessa época, eu já pensava que, se todo Brasil junto fizesse uma mobilização de verdade, todos indo às ruas para acabar com a corrupção, acabar com a impunidade, forçar a saída e a prisão dos corruptos, poderíamos mudar as coisas e sobraria muito mais dinheiro e, quem sabe, não seria necessário que os professores e médicos fizessem greves. Parece que eu já estava prevendo o que ia acontecer no mês de junho, com as manifestações.

Programa Esquenta na Rede Globo

Em maio, no dia 19, participei do Programa Esquenta, da Regina Casé, na Rede Globo. Ligaram da produção uns dias antes e falaram com minha mãe, para me convidar. A gravação seria na quinta-feira, dia 16, das 16 às 21 horas, no Projac mesmo.

Fui com minha mãe e voltamos no dia seguinte. Esse dia foi meio complicado, porque eu estava sentada ao lado da atriz Nanda Costa, e, no meio da gravação do programa, ela percebeu que eu estava com febre. Chamou a produção e eles mediram minha temperatura e viram que era 39,5 °C. Então eles me levaram para o camarim, me deram suco e remédio para febre, e a Regina Casé pediu para antecipar a gravação comigo para eu poder ir embora para o hotel, que ficava perto, na Barra da Tijuca. Eu falei do poder da internet e das redes sociais para divulgar as coisas, principalmente entre os jovens. Foi muito rápido, mas foi legal participar, apesar da febre. Eu estava com amidalite, mas fiquei boa em pouco tempo. E todos foram muito gentis comigo, como sempre.

Nanda Costa se despede de Salve Jorge cantando 'Esse cara sou eu'

Não perca o Esquenta! deste domingo que está recheado de atrações!

Programa Esquenta
http://goo.gl/E9d1Tv

Evento Conexões Globais

Mais um evento para o qual fui convidada foi o Conexões Globais, em Porto Alegre, terra da gauchada (e do meu tricolor). Fui na sexta, dia 24 de maio, com minha mãe, que gostou muito de ir para a terra dela. O evento era sobre ativismo, comunicação, arte, cultura e educação, tanto na web quanto fora dela. Aconteceu em um lugar maravilhoso, que é a Casa de Cultura Mário Quintana, e eu adorei.

Lá, fui muito bem recebida pelo secretário de Educação do Estado do Rio Grande do Sul, José Clovis Azevedo, e pelos representantes da Secretaria de Comunicação e Inclusão Digital. No evento, tinha uma espécie de rádio, a Rádio Livre Conexões Globais, e fui entrevistada por eles.

O pessoal lá era muito interessado por educação e cultura, e trocamos ótimas ideias. Eles estavam com um projeto lá chamado Província de São Pedro, que foi o primeiro nome do Rio Grande do Sul. Deram esse nome ao projeto porque consideram que a educação está começando do zero com a era digital, e por isso também estavam distribuindo tablets e dando treinamento. Achei bem legal, todos se mexendo pela educação com tecnologia.

Tecnologia

Conexões Globais 2013: confira um balanços dos debates

Compartilhar | Tweet 0 | +1 2 | URL FIXA: http://ebc.com.br/tecnologia/2013/05/conexoes-glob

Leandro Melito - Correspondente do Portal EBC - 26.05.2013 - 12h19 | Atualizado em 26.05.2013 - 14h54

Conexões Globais 2013
http://goo.gl/XCsWD6

Feira Educar Educador

25 de maio de 2013

620.411 seguidores

De Porto Alegre fomos direto para São Paulo, porque no dia 25 eu iria participar de uma grande feira de professores e educadores chamada Educar Educador, que já acontece faz 20 anos e que, naquele ano, ia falar da "escola do futuro". Foi em um local muito grande, cheio de estandes, e eu participei de uma mesa de debates chamada "Como é possível estabelecer uma interface criativa e construtiva entre a escola e as redes sociais?".

Foi bem legal ver tantos educadores interessados em melhorar, em evoluir, em aproveitar as novidades da tecnologia dentro da escola. Foi muito bom ver professores de mente aberta, com vontade, preocupados com a educação. Tenho que confessar que às vezes

chego a desanimar, pensando que estou sozinha nesta luta, mas é ótimo ver que existem, sim, professores do século XXI, modernos e atuais, e que a educação tem jeito. Foi maravilhoso participar! O pessoal da Educar Educador era fantástico, e as pessoas de São Paulo foram muito acolhedoras, como sempre – eu adoro essa cidade (já disse).

No link dá para ler uma reportagem sobre o assunto do qual eu falei na revista do evento.

Revista Aprendizagem
http://goo.gl/cSaZzf

Ainda sem formalizar a APP

Eu estava participando de muitos eventos, palestras, campanhas e acontecimentos. Estava sendo muito bom para mim, mas, na minha escola, a Associação de Pais e Professores (APP) ainda não estava funcionando direito, e por isso, claro, a escola não podia receber as verbas.

Depois de várias reuniões no ano anterior, elegemos os membros da APP, inclusive com suplente, mas depois disso não tinha nada oficializado ainda, nada estava certo. Eu não entendia por que a escola não formalizava aquilo. No final de maio, entrei no site da Ouvidoria da Prefeitura de Florianópolis e cobrei a oficialização da APP. No dia 28, recebi a resposta pelo site, e reproduzo a seguir.

A prestação de contas de 2011 já estava em ordem, pelo menos (estávamos no meio de 2013, já era tempo, né?). Mas, sobre a APP, já tinha se passado 8 meses, e nada. O que estava acontecendo? Com tanto tempo assim para regularizar uma documentação, será que a direção tinha algo a esconder?

Já estávamos em junho, e pelo jeito o mandato de três anos da diretora terminaria sem que a APP fosse formalizada.

PREFEITURA MUNICIPAL DE FLORIANÓPOLIS

SECRETARIA EXECUTIVA DE CONTROLE INTERNO E OUVIDORIA

Atendimento: 8131/2013
Data: 28 de Maio de 2013

Prezado(a) Senhor(a) Isadora Faber ,

Desde já agradecemos seu contato junto a esta Ouvidoria.

Em atenção a reivindicação formulada no atendimento n° 8131/2013:

Informamos que em resposta ao solicitado, as prestações de contas referentes a 2010/2011 e 2012 já foram entregues pela unidade. Quanto a APP, estamos auxiliando no sentido de regularizar toda a documentação. Referente à verba estadual, a PMF não tem acesso a essas informações. Sugerimos solicitar à Ouvidoria do Estado de Santa Catarina: ouvidoria.sc.gov.br

Atenciosamente,
Marli Pedro

Aquela pressa toda em outubro, de convocar reuniões de urgência e eleger representantes, era encenação por causa da exposição da escola ou era só a maneira como funcionam mesmo os serviços públicos?

A Secretaria de Educação estava acompanhando o caso desde outubro de 2012, no mínimo, mas o secretário de Educação e sua equipe pareciam não estar mais com pressa. E não era por falta de falar, denunciar, pedir, brigar. Os pais dos alunos também sabiam daquela demora e não falavam nada. De que adiantava reclamar sobre ineficiência, corrupção, desperdício e não defender a escola dos filhos?

Eu acho engraçado que, quando os gestores são cobrados, eles não gostam, se ofendem, ficam magoados, mas, na hora de botar as coisas em prática, eles fingem que nada está acontecendo, e tudo continua igual a antes. A diretora já tinha mostrado e provado qual era a competência dela para o cargo, para fazer as coisas mudarem, admitindo inclusive publicamente. Mas ninguém cobrava nada dela, apenas eu. O triste era saber que 86% dos diretores das escolas de Santa Catarina eram indicados pelo governo, o maior índice do Brasil. Será então que o governo encobria os problemas de gestão dos seus escolhidos?

A educação precisa de respostas

No mês de junho, dia 11, fui até o estúdio da RBS, que é a filiada da Globo no Sul do Brasil, para participar do Jornal do Almoço, ao vivo, porque ia acontecer o lançamento da segunda etapa da campanha "A educação precisa de respostas" (um nome irônico, se eu fosse pensar na situação da minha escola), do Grupo RBS.

Era um vídeo chamado "O amor é a melhor herança. Educação para as crianças", que mostrava os monstrinhos, personagens-símbolo da RBS, em uma animação muito divertida, para mostrar para as crianças como cuidar da escola e a importância da educação. Ficou muito legal, e eu apoio qualquer iniciativa a favor da educação.

Monstrinhos RBS | 11/06/2013 13h29min

Assista à versão completa do vídeo "O amor é a melhor herança. Educação para as crianças"

Monstrinhos da RBS voltam para falar de amor e educação na campanha do Grupo RBS e da Fundação Maurício Sirotsky Sobrinho

TV RBS – Jornal do Almoço
http://goo.gl/A3Oovx

Diário Catarinense
http://goo.gl/ZX7sEJ

Monstrinhos RBS | 12/06/2013 08h27min

Para estudante Isadora Faber, discutir a educação dá resultado

Autora da página Diário de Classe, que em um ano conquistou mais de 600 mil curtidas no Facebook, participou do lançamento da campanha do Grupo RBS, nesta terça-feira

CAPÍTULO 15

O processo no Ministério Público

Vou contar aqui o caso inteiro que envolve o Diário de Classe e o Ministério Público de Santa Catarina (MPSC). Preferi juntar tudo em vez de contar ao longo do livro, na ordem em que ocorreram os fatos, porque acho que este é um assunto muito sério, e assim dá para se ter uma ideia melhor de como tudo aconteceu.

Queixas anônimas

Como já mostrei aqui, o início de novembro de 2012 foi bem difícil pra mim. Fiz denúncias e sofri muitas represálias, inclusive com apedrejamento da minha casa. Foi uma época em que falei verdades que incomodaram muita gente. Com isso, veio uma chuva de B.O. e ameaças contra mim e minha família.

Por causa de tudo o que tinha acontecido, vários curtidores do Diário de Classe começaram a fazer denúncias ao MPSC sobre o meu caso e a enviar e-mails para que eles investigassem a situação. Algumas pessoas denunciaram anonimamente e outras até se identificaram, mas tudo isso soubemos depois, claro, quando estivemos lá, como vou contar. Minha mãe já tinha ido ao MPSC antes de novembro, para se informar sobre como funcionava, mas não chegou a formalizar uma queixa, pois preferiu reunir provas antes.

Na verdade, a grande pressão para que o MPSC começasse a investigar meu caso veio com a ajuda da ONG internacional Article 19 (<www.article19.org> e <www.artigo19.org>), por meio de seu escritório de São Paulo, que defende o direito de expressão. Eles se interessaram pela minha história e disseram que já tinham trabalhado com vários casos diferentes, mas nunca tinham brigado pelo direito de expressão de alguém menor de idade, de 13 anos; seria a primeira vez. Eles entraram em contato mais de uma vez com o MPSC, até que eles iniciassem a investigação. Segundo o que nos informaram, o MPSC já tinha recebido várias denúncias, mas não iniciava o processo. A ONG Article 19 queria que o promotor determinasse uma medida de proteção para mim, nem que fosse colocar a polícia na porta da escola.

Então, no dia 8 de novembro de 2012, fomos contactados pelo MPSC. Eles disseram que estavam investigando e que deveríamos ir a uma reunião lá na Promotoria de Justiça no dia 24 de novembro de 2012. No dia 14 de novembro, publiquei isto no Diário de Classe:

Diário de Classe
14 de novembro de 2012

Queria dizer que o MPSC entrou em contato com minha mãe, já estão investigando tudo, vamos nos encontrar com Promotor em breve, lá poderei falar tudo que estou passando, de todos perseguidores e caluniadores. Hoje meus pais foram na delegacia depor. Meu pai deu 3 depoimentos seguidos, minha mãe 2, ficaram a manhã toda lá respondendo aos B.O.. Menos 5 B.O. agora, huehue. Ainda bem que foram na mesma delegacia que eu fui, lá o pessoal é tudo gente boa. Meu pai disse que o pessoal na delegacia estavam cansados de tanto trabalhar na noite anterior, tentando pegar os bandidos que tão botando fogo nos ônibus. To comentando isso por que muitos gostam de dizer que a culpa é da imprensa, mas isso aqui é tirar o povo pra palhaço, olhem o que li no jornal de hoje no DC, página 2 na coluna Visor.

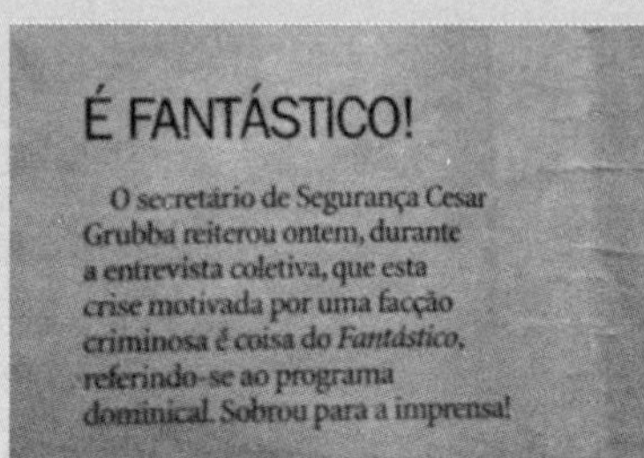

É FANTÁSTICO!

O secretário de Segurança Cesar Grubba reiterou ontem, durante a entrevista coletiva, que esta crise motivada por uma facção criminosa é coisa do *Fantástico*, referindo-se ao programa dominical. Sobrou para a imprensa!

Desconhecimento do Diário de Classe

No dia e hora marcados, comparecemos à reunião. Estávamos eu, meus pais, a diretora da escola e sua advogada. O advogado da ONG Article 19 havia conversado com meus pais e os orientado sobre várias coisas que poderiam acontecer. Chegando lá, conhecemos o promotor de Justiça e começamos a conversar com ele.

Para o nosso espanto, o promotor disse que, antes de ver as denúncias, não conhecia nada do Diário de Classe e de toda a repercussão que estava acontecendo. Achamos isso estranho, porque sabíamos que todo mundo que via televisão, lia jornais e revistas e escutava rádio, além de acessar a internet, principalmente as pessoas da nossa cidade, já tinham pelo menos ouvido falar do meu caso. Mas tudo bem, talvez o promotor não estivesse acompanhando as notícias.

De qualquer maneira, ele nos mostrou uma pasta imensa, com papéis nos quais estavam impressos os inúmeros e-mails mandados pelos curtidores, com as denúncias, e começou a nos fazer perguntas e a escutar nossas respostas. Muita coisa foi falada, inclusive a diretora garantiu que nunca tinha feito B.O. ou queixa contra mim e minha família, como eu já tinha comentado aqui anteriormente e como tinham nos informado no dia anterior, na reunião na Secretaria de Educação.

Ele começou a falar sobre segurança na escola, e a diretora nos disse que não havia Guarda Municipal fazendo ronda perto da nossa escola, e que ela tinha que mandar chamar quando necessário. O promotor anotou tudo e disse que ia sugerir que tivesse ronda da Guarda Municipal no horário de entrada e de saída dos alunos.

Ele também sugeriu que eu fizesse minhas denúncias por meios oficiais, e não pelo Facebook, para não criar problemas. Mas isso eu não aceitei, pois sou uma estudante que está apenas mostrando as coisas como elas acontecem, divulgando a realidade das escolas públicas. Se acontecem problemas, é mesmo a polícia e o MP que precisam investigar. Só um detalhe importante: em momento nenhum foi falado sobre câmeras de vigilância na escola. Sobre a segurança, falamos mesmo de Guarda Municipal.

A reunião se encerrou e fomos embora com a promessa de que seriam tomadas providências. Deveríamos aguardar um contato, que ia acontecer logo. No mesmo dia 8 de novembro, a revista *Veja* publicou que o MPSC ia abrir uma investigação sobre o meu caso.

Revista Veja
http://goo.gl/6iUK3g

> Ensino público
>
> MP investigará ameaças a estudante do 'Diário de Classe'
>
> **Denúncia diz que Isadora Faber, de 13 anos, que revelou problemas de escola pública no Facebook, corre perigo dentro da própria instituição de ensino**

A resposta do Ministério Público

Quatro meses e alguns dias depois, no dia 7 de março de 2013, o MPSC enviou aos meus pais um documento, como resposta à audiência que tivemos. Reproduzo aqui tanto a foto do documento quanto a transcrição do texto, para ficar mais fácil de ler.

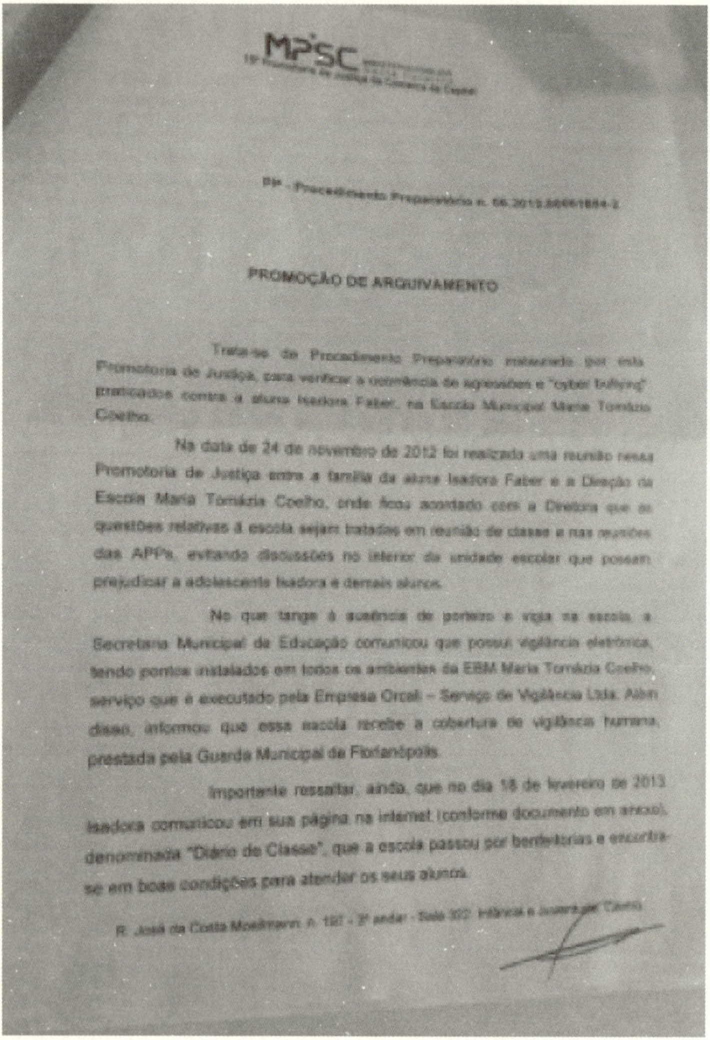

MPSC

[illegible]

PP - Procedimento Preparatório n. 06.2012.[illegible]

PROMOÇÃO DE ARQUIVAMENTO

Trata-se de Procedimento Preparatório instaurado por esta Promotoria de Justiça, para verificar a ocorrência de agressões e "cyber bullying" praticados contra a aluna Isadora Faber, na Escola Municipal Maria Tomázia Coelho.

Na data de 24 de novembro de 2012 foi realizada uma reunião nessa Promotoria de Justiça entre a família da aluna Isadora Faber e a Direção da Escola Maria Tomázia Coelho, onde ficou acordado com a Diretora que as questões relativas à escola sejam tratadas em reunião de classe e nas reuniões das APPs, evitando discussões no interior da unidade escolar que possam prejudicar a adolescente Isadora e demais alunos.

No que tange à ausência de porteiro e vigia na escola, a Secretaria Municipal de Educação comunicou que possui vigilância eletrônica, tendo pontos instalados em todos os ambientes da EBM Maria Tomázia Coelho, serviço que é executado pela Empresa Orcali – Serviço de Vigilância Ltda. Além disso, informou que essa escola recebe a cobertura de vigilância humana, prestada pela Guarda Municipal de Florianópolis.

Importante ressaltar, ainda, que no dia 18 de fevereiro de 2013 Isadora comunicou em sua página na internet (conforme documento em anexo), denominada "Diário de Classe", que a escola passou por benfeitorias e encontra-se em boas condições para atender os seus alunos.

R. José da Costa Moellmann, n. 197 - 3º andar - Sala 302 [illegible]

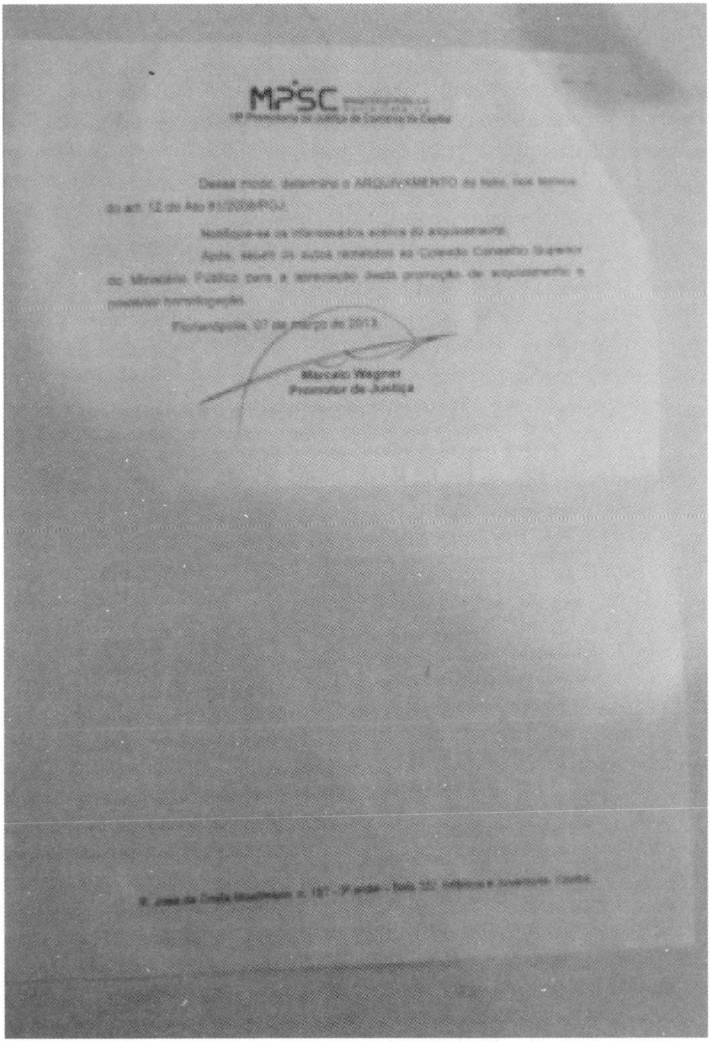

MPSC

Desse modo, determino o ARQUIVAMENTO do feito, nos termos do art. 12 do Ato 81/2008/PGJ.

Notifique-se os interessados acerca do arquivamento.

Após, sejam os autos remetidos ao Colendo Conselho Superior do Ministério Público para a apreciação desta promoção de arquivamento e posterior homologação.

Florianópolis, 07 de março de 2013.

Marcelo Wagner
Promotor de Justiça

Ministério Público de Santa Catarina

15ª Promotoria de Justiça da Comarca da Capital

PP - Procedimento Preparatório n. 06.2013.00001684-2

PROMOÇÃO DE ARQUIVAMENTO

Trata-se de Procedimento Preparatório instaurado por esta Promotoria de Justiça, para verificar a ocorrência de agressões e "cyber bullying" praticados contra a aluna Isadora Faber, na Escola Municipal Maria Tomázia Coelho.

Na data de 24 de novembro de 2012 foi realizada uma reunião nessa Promotoria de Justiça entre a família da aluna Isadora Faber e a Direção da Escola Maria Tomázia Coelho, onde ficou acordado com a Diretora que as questões relativas à escola sejam tratadas em reunião de classe e nas reuniões das APPs, evitando discussões no interior da unidade escolar que possam prejudicar a adolescente Isadora e demais alunos.

No que tange à ausência de porteiro e vigia na escola, a Secretaria Municipal de Educação comunicou que possui vigilância eletrônica, tendo pontos instalados em todos os ambientes da EBM Maria Tomázia Coelho, serviço que é executado pela Empresa Orcali – Serviço de Vigilância Ltda. Além disso, informou que essa escola recebe a cobertura de vigilância humana, prestada pela Guarda Municipal de Florianópolis.

Importante ressaltar, ainda, que no dia 18 de fevereiro de 2013 Isadora comunicou em sua página na internet (conforme documento em anexo), denominada Diário de Classe, que a escola passou por benfeitorias e encontra-se em boas condições para atender os seus alunos.

Desse modo, determino o ARQUIVAMENTO do feito, nos termos do art. 12 do ato 81/2008/PGJ.

Notifique-se os interessados acerca do arquivamento. Após, sejam os autos remetidos ao Colendo Conselho Superior do Ministério Público para apreciação desta promoção de arquivamento e posterior homologação.

Florianópolis, 07 de março de 2013.

Marcelo Wegner
Promotor de Justiça

Ficamos ESPANTADOS com o que lemos. Quer dizer que tudo o que aconteceu era um caso de "cyber bullying"? Tudo o que tinha acontecido era um caso de bullying apenas?

E como assim não existiam porteiro e vigia na escola, mas existiam *câmeras de vigilância*?! AQUILO ERA UMA GRANDE MENTIRA! NUNCA EXISTIRAM CÂMERAS DE VIGILÂNCIA NA ESCOLA! Como a Secretaria Municipal pode ter comunicado isso? Como pode ter falado isso? Mentir para o MP não era crime? Então era possível falar o que bem se quisesse, inventar, mentir para um promotor de Justiça do MP e tudo bem? O que acontecia? E a Secretaria de Educação não foi lá VER que não existiam as tais câmeras?

Não tinha Guarda Municipal fazendo ronda nenhuma, a não ser em situações especiais. Será que ia ficar assim? Como poderíamos acreditar em justiça se nada acontecia para quem fazia esse tipo de coisa? Se o responsável por MENTIR (cometer um crime, na minha opinião) ao promotor de Justiça do MPSC continuasse sem punição, o que poderíamos pensar?

Então, o caso estava arquivado e encerrado, para espanto e indignação nossos e de muitas pessoas que acompanharam tudo o que aconteceu. Meus pais até pensaram em entrar com um processo contra o MPSC, para que o caso fosse revisto e esclarecido e a justiça fosse de fato feita, mas acharam que seria demais para nossa família, além de muito caro e desgastante, levar adiante um processo desse tamanho. E foi isso o que aconteceu. Essa foi a justiça feita.

Câmeras de segurança

Eu postei várias e várias vezes no Diário de Classe, e disse aqui também, que não existiam câmeras de segurança e que eu era a favor de que tivesse. Quem acompanhava o Diário de Classe desde o início sabia qual era minha opinião sobre câmeras na escola. Sempre defendi o uso delas, inclusive dentro das salas, pois acho que inibe o bullying e o vandalismo, facilita a identificação dos envolvidos, até para cobrar dos responsáveis, se for o caso.

Muitos me apoiavam, mas muitos da minha escola eram contra, principalmente os professores. Eu também disse que sou totalmente a favor do uso de câmeras em órgãos públicos, especialmente em escolas, afinal, são públicas, pagas com o dinheiro de todos. Então, não se pode exigir privacidade em uma instituição pública, que é de todos. Aqui estão reproduzidos os posts em que eu falo sobre câmeras na escola, em ordem cronológica.

Diário de Classe

4 de outubro de 2012

Sobre as câmeras na escola, todos sabem que sou a favor, inclusive na sala de aula. Muitos têm medo de alguma coisa que não entendi direito, ai li aqui nos comentários e gostei. Libera as imagens na internet, pra todos, os pais iam poder dar uma olhadinha na sala de seu filho, ver se ele esta prestando atenção, bagunçando, conversando, essas coisas. Os pais poderiam acompanhar os filhos na escola desde o celular. Hoje, tem casos que o professor manda bilhetes para os pais sobre o filho, pq não fazer diferente? Manda um torpedo e manda o pai/mãe entrar na sala pela internet para ver ao vivo o que o filho esta fazendo. É uma forma nova de participar da vida do filho na escola. Acho que a tecnologia esta ai e não tirar proveito dela é ficar parado no tempo. Vou torcer para minha escola colocar câmeras também.

Diário de Classe

26 de outubro de 2012

Quando eu defendo câmeras na escola, é para evitar esse tipo de atitudes, com certeza tem alunos que incomodam, alunos mal educados, alunos sem respeito, não estou dizendo o contrário, mas também tem professores totalmente desiquilibrados que não tem a menor condição de estar em sala de aula. Alguma coisa justifica uma atitude dessas de uma "educadora"? Acho que não. Agora, os professores estão dizendo que são vítimas de uma ditadura dos alunos nas redes sociais. "VÍTIMAS"? DITADURA? Fui pesquisar direito o que significa ditadura e acho que ditadura é o que os alunos vivem. Não podemos discordar, não podemos mostrar a realidade, não podemos falar para ninguém o que acontece na escola, pois professores como esses, que existem muitos, não querem. No meu caso, os professores acham que ninguém me conta o que eles falam em outras turmas. Claro que sei tudo, inclusive que eles pedem para não curtir a página, para não entrar na página, que eu estou mentindo as coisas. Meus amigos ficam com medo de contrariar os professores, tem medo de se prejudicarem, tem medo da direção, tem medo de enfrentar de frente como eu. Acho que tem que ter câmeras dentro da escola sim, dentro das salas de aula sim, ai a verdade vai surgir, para os dois lados. Este vídeo foi filmado essa semana em uma escola de São José – SC. Vídeo do Diário Catarinense

Diário de Classe
26 de outubro de 2012

Por que os professores não querem câmeras na sala de aula? Será que é isso que eles não querem mostrar? Eu já vi isso acontecer com uma amiga minha, ficou com pulso roxo. Assim como esse, tenho uma coleção de vídeos desse tipo que recebo de todo Brasil. Os alunos que não querem câmeras todos sabemos, são os bagunceiros, que não respeitam professores, que roubam, que colam nas provas, que quebram as coisas, todos sabemos. Agora eu fico pensando, e quais são os professores que não querem câmeras? O que não querem que as pessoas vejam? Do que tem medo? Que querem esconder? Quando postei um vídeo dia 25-09 de uma professora sendo agredida por um aluno, até agora tem 17.121 curtidas, 8.575 comentários e 26.953 compartilhamentos, tá postado aqui, é só olhar. Sabe quantos professores reclamaram da filmagem de celular do aluno nesse vídeo? Não vi nenhum... Agora, quando um aluno filma mostrando um professor agindo assim, eles são vítimas de uma ditadura das redes sociais. Por que isso... libera geral as imagens, pra todo mundo ver a qualquer instante "quem não deve não teme", não é assim que se diz?? Acho que tinha que ser obrigatório câmeras em todas escolas, públicas e particulares para todos sabermos da verdade e punir os responsáveis, só assim vai começar a melhorar, estamos no século XXI, em que ano está a escola? Este vídeo foi em uma escola de Passo Fundo – RS

No dia 1º de abril de 2013, que por coincidência era dia da mentira, postei na fanpage as 21 fotos que eu tirei do interior da escola para provar que não havia nenhuma câmera de vigilância instalada no prédio. Estão publicadas no Diário de Classe para quem quiser ver.

O famoso B.O. que não tinha sido feito

Já que estávamos falando de mentiras, no dia 31 de março de 2013 resolvemos consultar o site do Poder Judiciário de Santa Catarina (<http://esaj.tjsc.jus.br>), onde qualquer pessoa pode ver se há processos e queixas correndo na Justiça.

E sabe qual foi a surpresa? Tinha, SIM, um processo correndo contra mim e contra meus pais, iniciado pela diretora da escola (consta o nome dela), a partir de um B.O. registrado na 8ª Delegacia de Polícia. Aqui está uma reprodução da tela de consulta:

O que soubemos é que a diretora se arrependeu depois e não foi à audiência para dar continuidade ao processo. Mas agora já sabíamos a verdade.

CAPÍTULO 16

Mudanças e crescimento

14 anos

No dia 16 de junho, fiz 14 anos de idade. Comemorei com minha família e gravei um vídeo de agradecimento para os curtidores do Diário de Classe. Mas, uma semana antes, dia 7, postei na página vários pensamentos e sentimentos sobre o que eu vivi e aprendi no último ano.

Diário de Classe
7 de junho de 2013

Dia 16 agora vou fazer 14 anos. Este último ano foi o que mais aprendi, não só na escola, mas principalmente por tudo o que passei. Conheci muitas pessoas, troquei muitas experiências, passei a me sentir cidadã. Aprendi a conhecer melhor as pessoas, como elas falam uma coisa e fazem outra, a inveja, a ignorância, a mentira, a falsidade, a maldade. Tem aquelas que sonham em ser musas pois não passam de uma bunda, outros gostam de desfazer de quem tenta melhorar, não conseguindo esconder seu despeito, políticos falam o que você quer ouvir e depois não fazem nada.
Aprendi também que não importa ser competente e esforçado, o que importa é ser protegido do chefe, como o caso da diretora da escola que priva a escola de verbas há mais de 2 anos e continua na direção, como se tudo tivesse certo. Como querer que a escola melhore se não tem pessoas capacitadas para administrar? Bancar incompetência com dinheiro público é fácil, queria ver uma situação dessas em escola particular.

Políticos falam em mudanças, renovação, tudo que precisa para se eleger e na hora de fazer as mudanças, nada muda. Quem cobra resultados? Quem cobra competência? Quem cobra compromisso? Quem cobra transparência? Estamos no ponto que quem cobra é ameaçado, é apedrejado, é isolado, é o errado, tem que fazer que não viu, que não sabe, não pode comentar para não se incomodar. O exemplo que vem da minha escola é que a incompetência e má gestão são normais, temos que nos acostumar e não adianta reclamar. Assim se percebe por que o povo se acomoda e aceita tudo que os governantes fazem sem reclamar. Somos treinados desde cedo a perceber que nada muda, que o Brasil é assim mesmo. Eu me nego ser assim. Acredito em mudanças, acredito em pessoas que querem mudar, acredito no Brasil! Vou publicar aqui novamente alguns recursos que as escolas públicas têm direito. Por isso peço a todos que fiscalizem a escola de seus filhos, cobrem, participem, não deixe que prejudiquem os direitos de seus filhos, não facilite.

As manifestações de junho

O mês de junho de 2013 foi muito marcante para o Brasil. O povo foi às ruas protestar, de início, contra o aumento das passagens de ônibus ("Não é pelos R$ 0,20"), mas depois muito mais gente foi mostrar toda a sua indignação com tudo de errado que estava acontecendo no país.

Para mim, aquilo foi um grande Diário de Classe, com todo mundo protestando contra o que achava errado, cada um do seu jeito, como achava melhor.

Com tudo aquilo, para mim uma coisa ficou clara: o povo junto tem força, podemos mudar as coisas se agirmos juntos e na mesma direção. Não precisamos aceitar as coisas passivamente, podemos fazer alguma coisa. Por isso, eu não pude deixar de comentar e fazer alguns posts.

Diário de Classe
17 de junho de 2013

Não costumo postar nada fora da área da educação, mas não tem como não comentar as MANIFESTAÇÕES que estão ocorrendo. Fico arrepiada de ver na TV, parece um sonho. Ver o povo mostrando seu descontentamento, unido, sem partidos, na paz. O movimento cada vez mais forte com mais pessoas de todas as idades. A Copa das Confederações ajuda nessa hora, pois todo mundo está olhando. Fiquei muito impressionada mesmo, muito feliz. Todos juntos podemos mudar o Brasil. Chega de corruptos, chega de impunidade, chega de palhaçada. Tem que colocar na cadeia os corruptos, tirá-los do poder. Já falei com meus pais e dia 20 (quinta) eu estarei as 18h00 no TICEN na MANIFESTAÇÃO de FLORIPA. Sempre na paz, SEM VIOLÊNCIA OU VANDALISMO, por favor.

Diário de Classe
21 de junho de 2013

A população foi às ruas, só não viu quem não quis. Parabéns a todos que participaram, foi emocionante. Agora esperamos os resultados. Senhora Presidente, sei que não tem poder supremo, mas a senhora é Presidente! Use seu poder, use toda sua influência, convoque todos em quem realmente possa confiar e faça alguma coisa. Peça urgência para casos de corrupção, peça urgência para prender os condenados, coloque saúde e educação em prioridade. Fique do lado do povo Presidente, do lado de quem a elegeu. O povo tá pedindo, faça alguma coisa, daqui a pouco o povo irá exigir e pode complicar.

19 de junho de 2013

625.262
seguidores

No dia 26 de junho, veio a boa notícia de que a tarifa dos ônibus não iria subir. Para mim, ficou a certeza de que a pressão nos políticos funciona. Quando começou a repercussão do Diário, logo a prefeitura veio e reformou a escola. Vários outros Diários de Classe também tiveram seus resultados. Bastou uma semana de manifestações e já ocorreram mudanças, o preço das passagens baixou, votaram contra a PEC 37 e a favor de alguns projetos para haver mais recursos para educação e saúde. Os políticos começaram a falar de pactos, com medo da reação popular em massa.

Para mim, os protestos foram uma vitória do povo, que mostrou seu descontentamento, um tapa na cara de todos que diziam que os movimentos não tinham lideranças, não tinham objetivo e que não dariam em nada. E mais ainda: os movimentos foram todos combinados pelas redes sociais! É possível usar a mobilização online para conseguir coisas fora do mundo virtual. A internet é uma arma poderosa. Na época das manifestações, a timeline do Facebook de todo mundo estava cheia de posts sobre política, cidadania, direitos. Todo mundo falando e se interessando pela situação atual do Brasil, todo mundo mais ligado no que estava acontecendo. Tudo isso serviu para provar de vez a força das redes sociais. Por que não fazemos mais? Por que não usamos mais, por que não continuamos?

Mostra de cinema infantil

No dia 28 de junho eu entrei de férias e tive a oportunidade de participar de uma atividade cultural diferente. Foi um bate-papo na abertura da 12ª Mostra de Cinema Infantil de Florianópolis, que aconteceu no Teatro Governador Pedro Ivo. Achei legal me convidarem, porque falei de um tema que tinha a ver comigo e com o filme que vimos. O tema foi "Mídia e protagonismo infantil", e o bate-papo aconteceu depois de passarem o curta-metragem *O fim do recreio*, de Vinicius Mazzon e Nélio Spréa, que falava sobre um projeto de lei que pretendia acabar com o recreio escolar. Foi divertido e diferente, pois os eventos de que eu participava em geral eram para adultos, e esse foi com crianças.

13ª Mostra de Cinema Infantil de Florianópolis
http://goo.gl/UWWmPC

Um ano de Diário de Classe

No dia 11 de julho de 2013, o Diário de Classe completou um ano de existência, e fiz um post para comemorar. Eu citei a criação da ONG, mas vou falar disso mais pra frente. O jornal *Notícias do Dia* fez uma matéria sobre o primeiro ano da fanpage.

Diário de Classe
11 de julho de 2013

Hoje faz 1 ano do Diário de Classe. Olhando para trás, vejo o quanto eu mudei. Nunca pensei que um dia o Diário tivesse mais que 600.000 curtidas, que ia dar no que deu. Aprendi muito, em todos os sentidos. Tive algumas decepções, mas também sei lidar com isso hoje. A maior lição tirada é que nunca devemos desistir dos nossos objetivos, sempre terá aqueles que te puxam pra baixo, os que te criticam, os pessimistas, mas devemos ser firmes e acreditar no que estamos fazendo. Outra coisa que aprendi é que os políticos funcionam na pressão. Divulgando as irregularidades, começa a pressão popular e os políticos se mexem e acontecem as mudanças, isso tá bem claro hoje em dia. Vendo o povo saindo às ruas reivindicando mudanças me deixa muito feliz e me enche de esperanças. Gosto de sonhar e mais ainda de concretizá-los. Sonho com um País mais justo, com políticos honestos, sem impunidade, sem corrupção. Saúde e Educação tem que melhorar muito, muito mesmo. Quero muito fazer minha parte, por isso estou fazendo uma ONG para atuar na Educação. Conheci mais uma palavra nova no meu vocabulário, BUROCRACIA. Agora falta pouco, mais alguns dias e já poderei divulgar oficialmente e começará outra etapa onde espero contar com ajuda de todos, de uma forma ou de outra. Queria deixar aqui meu muito obrigado a todos que me apoiaram nesse ano, obrigada mesmo, sem vocês não seria possível muitas mudanças que ocorreram.

Um ano depois da criação do Diário de Classe, Isadora Faber conta o que mudou em sua vida

Notícias do Dia
http://goo.gl/rdIoOK

Na revista alemã *Der Spiegel*

No dia 12 de julho, a revista semanal alemã *Der Spiegel*, uma das mais importantes do país e da Europa, trouxe uma matéria sobre mim. O texto mostrou que existia uma geração de jovens mulheres que estavam lutando por causas como educação e liberdade, falou sobre como Malala Yousafzai, a estudante paquistanesa de 15 anos que foi baleada pelo Talibã por defender a educação, estava inspirando jovens do mundo todo e que isso era uma revolução. É possível acessar a matéria em inglês pelo link abaixo.

Fiquei muito contente de ser citada nessa revista, e também por ela estar falando da Malala, pois eu tinha acompanhado o caso dela e na época fiz alguns posts no Diário sobre isso.

Der Spiegel Online International
http://goo.gl/0cAz5i

Girl Rising: Malala Fires Up a New Generation

Revista alemã *Der Spiegel*

Diário de Classe
10 de outubro de 2012

Me mandaram um link que me deixou muito assustada, sobre a Malala. Não imaginava que as coisas chegassem a esse ponto. Meus pais ficaram muito preocupados, me disseram que é do outro lado do mundo, outra cultura e que aqui não é desse jeito, que posso desistir do Diário quando quiser. Disse que não, irei continuar mas mesmo assim fiquei assustada, ela tem 14 anos. Vejo muitas vezes nos comentários pessoas falando mentiras, ofensas, que não se dão ao trabalho de olhar todo Diário para comentar.
Tem pessoas que querem que eu organize passeatas, atos públicos, manifestações nas ruas e em frente às instituições governamentais. Pessoal, estou fazendo o que posso, não quero fazer essas coisas e meus pais não deixam, eles dizem que tenho apenas 13 anos e sou uma só e já estou fazendo minha parte. Quero deixar claro que nunca quis fazer passeatas e essas coisas. Se alguém acha que deve fazer isso, tudo bem, faça, não precisam de mim para isso, é tão fácil falar para eu fazer, por que não faz então? Não tenho partido nem idade para votar e não estou contra ninguém, estou contra o descaso da educação e quero que melhore para todos, apenas isso.
Meu jeito de protestar é assim, escrevendo, denunciando, discutindo e postando resultados quando tem. Estou dizendo isso por que fiquei muito assustada com essa notícia e não quero isso pra mim, então, a partir de agora iremos (eu e meus pais) começar a deletar post de pessoas desinformadas que fazem perfis fakes que não se identificam para publicar ofensas e mentiras e verdadeiros perseguidores que estão fazendo páginas iguais à minha só para promover intrigas com fofocas (páginas sem identificação do responsável). Criticar tudo bem, mas com responsabilidade e com perfil verdadeiro, por favor. Não tenho medo de críticas, mas tenho medo de pessoas maldosas e covardes que não tem sequer coragem de se identificar. Espero que entendam.
http://g1.globo.com/mundo/noticia/2012/10/menina-antitaliba-de-14-anos-sobrevive-tentativa-de-assassinato.html

Diário de Classe
20 de março de 2013

Fiquei muito feliz em saber que a Malala voltou à escola hoje. Por mais que tentem me explicar, realmente não consigo entender o que a garota fez para tentarem matá-la. Querer estudar é algum tipo de crime? Às vezes eu penso nas ameaças que já recebemos e fico assustada, mas prefiro acreditar que essas coisas não existem no Brasil. Tantas coisas importantes pra se preocuparem não vão perder tempo comigo ou minha família, não faz sentido. O importante é não perder o foco em uma educação de qualidade pra todos, isso que importa. Força Malala, te cuida!
http://br.noticias.yahoo.com/paquistanesa-baleada-taleban-volta-%C3%A0-escola-192100317.html

CAPÍTULO 17

O fim do ensino fundamental

No dia 29 de julho, recomeçaram as aulas do segundo semestre, e era sempre bom voltar à escola, porque eu tinha expectativas de que as coisas iriam mudar e melhorar. Mas sempre acabava me decepcionando.

Já nesse primeiro dia, a velha história de professores faltando se repetia. Dois não vieram, e a auxiliar deu joguinhos, uma cruzadinha e um jogo dos 7 erros. Eram passatempos, e serviam para isso mesmo, *passar o tempo*. Observei também que faltaram funcionários, pois fui falar com a diretora e percebi que a secretária não estava.

Mas aquele seria um semestre diferente pra mim. No final do ano, iríamos nos formar no ensino fundamental, e eu e mais duas colegas criamos a comissão de formatura, para organizar a arrecadação de dinheiro para um passeio no parque Beto Carrero World, que fica perto de Florianópolis. O passeio iria servir de despedida dos colegas, porque alguns não iriam mais se ver, já que todos se espalhariam pelas escolas de Floripa para fazer o ensino médio.

Foi mesmo um semestre intenso, porque eu estava bastante ocupada. Além da formatura, eu já estava escrevendo este livro, ainda estava recebendo convites para participar de muitos eventos, começava a organizar a criação da ONG Isadora Faber e estava iniciando um cursinho preparatório para tentar uma bolsa no Instituto Federal de Educação

(IFE), uma escola pública federal de ensino médio muito boa. Então, eu estudava de manhã, fazia inglês à tarde e frequentava o cursinho todo dia das 18h30 às 21h30. Eu só chegava em casa às 22 horas, cansada. E tudo isso alternado com as outras atividades de que falei, além das postagens na fanpage, porque eu ia sair em breve da escola, mas não ia parar com o trabalho no Diário de Classe.

Bienal do Livro do Rio de Janeiro

31 de julho de 2013
628.636 seguidores

No final do mês de agosto, minha editora (a Gutenberg) e a organização da Bienal do Livro do Rio de Janeiro me convidaram para participar de um evento que aconteceria dentro da feira, o Acampamento da Bienal. Era em uma espécie de auditório dentro do pavilhão de exposição das editoras, e eu ia fazer um bate-papo com as pessoas presentes, com a mediação de uma jornalista.

Foi muito bom! Viajei com a Ingrid, fui e voltei no mesmo dia. Mas achei ótimo conhecer a Bienal do Livro. O bate-papo lotou, teve muita gente e muitas perguntas de pessoas interessadas na minha história e na mudança da educação do Brasil. As pessoas elogiaram meu trabalho e me apoiaram, me incentivando a continuar. Consegui ainda dar uma volta rápida para olhar alguns estandes na feira, só que não vi tudo, porque era muito grande e estava lotado de visitantes. A imprensa fez algumas reportagens.

29/08/2013 às 8:00 \ Eventos
Bienal do Livro do Rio 2013

Revista Veja
http://goo.gl/wlw4hY

Portal UOL
http://goo.gl/YZdfcK

Bienal do Livro do Rio 2013
Estudante do Diário de Classe sonha em ser jornalista e escrever livro COMENTE

TEDx Ribeirão

Fui convidada para palestrar no TEDx Ribeirão Preto, que aconteceria no dia 7 de agosto. TED e TEDx são palestras internacionais e muito importantes. TED, segundo o que pesquisei, quer dizer *Technology, Entertainment, Design*, ou, em português, Tecnologia, Entretenimento, Design. É uma fundação privada sem fins lucrativos fundada nos Estados Unidos em 1984 e conhecida por suas conferências na Europa, na Ásia e nos Estados Unidos, destinadas à disseminação de ideias. Entre os palestrantes das conferências estão Bill Clinton, Al Gore, Bono Vox, Gordon Brown, Richard Dawkins, Bill Gates, os fundadores do Google, Billy Graham e diversos ganhadores do Prêmio Nobel. São palestras curtas, em geral de 18 minutos, e muito enriquecedoras. Os TEDx são os TED locais, formados independentemente, nos moldes do TED, e acontecem no mundo todo.

Aquele era o primeiro evento do TEDx em Ribeirão Preto, e naquela edição o tema era "Como a humanidade pode mudar a comunidade?". Foram dez palestrantes nesse dia, entre eles o deputado federal Jean Wyllys e a filósofa e escritora Márcia Tiburi. Aconteceu no colégio da FAAP, e eu gostei muito de participar. No link a seguir, você pode assistir à minha participação. A rádio CBN de Ribeirão Preto fez uma entrevista comigo no dia do TEDx, e o link também vem na sequência.

Isadora Faber participa do TEDx Ribeirão
http://goo.gl/HFZ8EH

Rádio CBN Ribeirão
http://goo.gl/M32gv2

Podcast

JOVEM QUE ESCREVEU BLOG MOSTRANDO ESCOLA DETERIORADA FAZ PALESTRA

Estudante Isadora Faber conversou com a CBN Ribeirão

Evento Conarec em São Paulo

No dia 17 de setembro, fui a São Paulo com minha mãe participar do Congresso Nacional das Relações Empresa-Cliente (Conarec), que aconteceu em um hotel grande e chique chamado Transamérica. Era um evento muito diferente dos outros a que eu estava indo, porque era com empresários de grandes empresas como Itaú, Citroën, Net, Avianca e outras, tinha diretores executivos e presidentes de multinacionais, ou seja, pessoas muito experientes e importantes, mas muito diferentes de mim. E, mesmo assim, foi um dos eventos mais legais de todos que participei.

A minha parte se chamava "Diário de Classe: A geração Z abalando a reputação das instituições". O mediador foi o Jacques Meir, diretor de conhecimento e inteligência de negócios do Grupo Padrão, que foi quem me convidou para participar. Quando ele me chamou no palco, falou assim: "Eu trouxe essa menina aqui, que muitos já conhecem, porque ela vai ensinar a vocês como, sozinha, com 13 anos, ela conseguiu reformar a escola inteira dela, e vocês, com muitos recursos, não conseguem mudar muita coisa nas empresas de vocês". A conversa foi muito boa, ele fez perguntas diferentes e eu fiquei muito à vontade. Depois, ele me disse que eu fui a mais aplaudida daquele dia.

CONAREC
http://goo.gl/uCJoLH

O mensalão e a impunidade

Nessa época, todos os dias saíam notícias na imprensa sobre o escândalo do mensalão e a prisão dos mensaleiros. Aconteceu o julgamento do mensalão, um dos mais importantes da política brasileira. Fiz alguns posts, que compartilho aqui, dando minha opinião e também comentando sobre corrupção e a APP da minha escola, que tinha sido formada, mas ainda não estava oficializada pela Secretaria de Educação.

Diário de Classe
24 de setembro de 2013

Com todos os casos de impunidade que vemos diariamente, é difícil não desanimar. Políticos fazendo que bem entendem com dinheiro do povo e NADA ACONTECE. Quando julgam e condenam, não prendem, tem deputado na cadeia que não perde mandato, vários casos de fraudes de locações de automóveis e nada acontece. Coisas que eram pra ser resolvidas na hora levam muito tempo e as vezes esquecemos de tanto esperar.
A APP da minha escola (ou falta dela no caso) que denunciei ano passado finalmente foi formada, precisou muita denúncia e 1 ano para acontecer. A lição disso tudo é que denunciando não é fácil fazer acontecer, se não der atenção, aí mesmo que nada muda mesmo, não podemos aliviar a fiscalização. Mostraram-me este site e achei muito legal e quero compartilhar com todos, pois escrever português corretamente não é fácil. Com esse joguinho podemos tirar várias dúvidas, vale a olhada.
http://educarparacrescer.abril.com.br/100-erros/index.shtml?utm_source=redesabril_educar%20&utm_medium=facebook&utm_campaign=redesabril_educar&utm_content=jogo

Diário de Classe
19 de outubro de 2013

Estava há bastante tempo sem escrever, pois o final do ano tem sido bem puxado para mim, escola pela manhã, aulas de inglês a tarde, curso preparatório das 18:30 as 21:30 todos dias, chego em casa só lá pelas 10 da noite, fora trabalhos, deveres da escola e outros compromissos. Mas como sempre fui contra impunidade, corrupção, não posso deixar de comentar sobre a prisão dos mensaleiros. Confesso que não conheço muito sobre o assunto, mas acompanhei o julgamento. Tentaram de tudo para escapar, mas acabaram sendo presos, menos um catarinense que fugiu para Itália. Não foi como outros bandidos como vemos na televisão, estavam sem algemas, parecendo heróis. Que eram aqueles corruptos levantando braço, comemorando o que? Talvez estejam felizes, pois ninguém

NUNCA falou em DEVOLVER O DINHEIRO QUE FOI DESVIADO. Passar um tempo dormindo na cadeia e os dias livres depois de roubar bastante deve ser motivo de comemoração. Se eles estão sendo presos por corrupção, por que não devolvem o dinheiro? Quem foram os CORRUPTORES? Quem foi o beneficiado? Quem paga pela corrupção não merece punição? Se não é fácil prender corruptos, nem sabemos quem são os corruptores. Isso tem que mudar e a justiça atingir também quem financia a corrupção. Criticam-me muito dizendo que sou sonhadora, que a realidade não é assim, mas não me importo, quero continuar sonhando com um Brasil mais justo para todos.

Campanha "Estudar vale a pena"

No final de outubro eu tinha sido convidada para participar de uma campanha chamada "Estudar vale a pena", promovida pela empresa Geekie no intuito de incentivar a participação no Enem. Fui escolhida para ser embaixadora da campanha junto com um monte de gente famosa. Ela foi ao ar dia 21 de outubro, e achei bem legal! Aqui dá para ver o vídeo da campanha em que apareço:

Campanha
Estudar vale a pena
http://goo.gl/GwcEKQ

TEDx Unisinos

No dia 31 de outubro participei de mais um TEDx, dessa vez na Unisinos, em Porto Alegre. O tema era "Inovação na Educação". Mas, diferentemente do outro TEDx, em que havia uma pessoa me fazendo perguntas, dessa vez entrei sozinha e falei sozinha naquele palco imenso para uma plateia enorme.

Na verdade, quando fui convidada para esse TEDx, conversei com minha mãe e disse que achava que eu tinha que falar sozinha nas minhas palestras. Ela disse que eu poderia, porque o mais difícil era enfrentar o público, com ou sem alguém junto, e isso eu já fazia. Então, resolvi me preparar e fui. Acabou dando tudo certo, e vi que minha mãe tinha razão.

No final, algumas adolescentes e uma pedagoga entraram para me fazer perguntas. Foi um evento muito bom, e pude falar do uso de tecnologia na sala de aula. Depois, o *Jornal do Brasil* e alguns sites divulgaram notícias sobre o que eu havia falado, e o *Diário Catarinense* até fez uma entrevista com a minha mãe. No link abaixo é possível assistir à palestra.

Isadora participa do TEDx Unisinos
http://goo.gl/6pJ4UP

Isadora Faber defende tecnologia em sala de aula
Criadora do Diário de Classe fala sobre sua ONG, que ajudará escolas a se incluírem no mundo digital

Jornal do Brasil
http://goo.gl/M7Esyd

Blog sobre TEDx Unisinos
http://goo.gl/btZUMw

Isadora Faber defende tecnologia em sala de aula
16/12/2013 - Publicado em Educação e Tecnologia

Mãe de adolescente que critica escola na web fala sobre a importância da participação dos pais na educação
Mel acompanhou a filha Isadora Faber em palestra no TEDxUnisinos

Diário Catarinense
http://goo.gl/QJFUIN

Homenagem na Assembleia de Santa Catarina

No dia 11 de novembro, fui homenageada pela Assembleia Legislativa de Santa Catarina. Em uma sessão solene, recebi das mãos do deputado Jailson Lima a Comenda do Legislativo Catarinense. Eles entregaram um distintivo com fitas, para ser usado em eventos oficiais.

Fiquei bem contente e agradecida, porque essa é uma das maiores honrarias do estado, que é dada a pessoas e organizações que realizam ações relevantes pela comunidade. E ainda fiquei sabendo que sou a comendadora mais jovem de Santa Catarina. Espero que eu possa fazer bom uso disso em prol da educação do Brasil daqui pra frente. O Portal Terra noticiou o fato.

Portal Terra
http://goo.gl/WhqVUy

Autora do Diário de Classe recebe homenagem da Assembleia de SC

Adolescente que criou página no Facebook para relatar problemas na escola recebeu uma das maiores honrarias do Estado

Prêmio Trip Transformadores

No dia 13 de novembro, fui para São Paulo participar da cerimônia de entrega do prêmio Trip Transformadores – fui uma das dez vencedoras de 2013. Eu tinha sido indicada em outubro, e não achei que seria a premiada, mas fiquei muito alegre por ganhar. Fui com a minha irmã Duda, porque minha mãe não pôde ir nessa data.

Segundo o site do prêmio, ele "é promovido pela revista *Trip* e foi criado há sete anos com o objetivo de identificar e reconhecer as pessoas que, com seu trabalho, ideias e iniciativas de grande impacto ou originalidade, ajudam a promover o avanço do coletivo e do outro. Ele procura homenagear pessoas que não se conformaram com a realidade à sua volta e buscaram dentro de si a força para mudar isso".

O evento foi realizado no auditório do parque Ibirapuera, que agora se chama Auditório Oscar Niemeyer, um lugar muito bonito. Eu recebi o prêmio das mãos do Luciano Huck, que foi muito simpático e até postou uma foto comigo no Instagram. No link abaixo, dá para assistir a toda a cerimônia do prêmio, e eu apareço em 1:47:25 no vídeo. Também dá para ver a foto do Luciano Huck e a reportagem no site da revista. Além disso, tem um link para um hangout de que participei dia 24 de outubro, quando fui indicada.

No final, o voo de volta teve problemas e precisamos ficar mais dois dias em São Paulo, até o feriado, mas eu achei ótimo, porque adoro a cidade, e eu e a Duda pudemos passear um pouco.

Vídeo do prêmio Trip Transformadores 2013 (1:47:25)
http://goo.gl/1O36Bm

Revista Trip
http://goo.gl/fmKMB9

Foto no Instagram do Luciano Huck
http://goo.gl/CCvoX7

Hangout do prêmio Trip Transformadores
http://goo.gl/zJTVsr

CAPÍTULO 18

O ano termina

O ano havia chegado ao fim, assim como meu ensino fundamental. Antes de ele terminar, haveria ainda a eleição para diretor da escola, já que o mandato da atual diretora, de três anos, se encerrava ali.

Por incrível que pareça, depois de tudo o que aconteceu, só teve uma candidata: a atual diretora, que fez uma campanha enorme. As eleições aconteceriam dia 30 de novembro, e eu estranhei que não existia ninguém disputando o cargo além da atual diretora, que queria a reeleição.

Contando os dias para eu ir embora

Nos corredores, todos já contavam os dias para o ano acabar, pois sabiam que eu não estaria lá no ano seguinte. E estavam comemorando, porque tinham certeza de que tudo voltaria a ser como antes, sem ninguém cobrando que as coisas acontecessem direito. Eu ficava triste, pensando no futuro da minha escola, já que tinha estudado nela desde a 1ª série. Com o passar dos anos, ela ficou bem "caidinha", precisando de um carinho que ninguém queria dar. Depois do Diário, sabemos que tudo mudou, só não mudaria a direção.

Apesar de toda a exposição que a escola teve, a incompetência não permitiu que tirassem proveito da situação para melhorar. Levei propostas de empresários que queriam ajudar com outras melhorias e foi tudo negado. Tentamos criar um dia de ação social na escola com cabeleireiros, jogos, médicos e outras atividades, mas também negaram, assim como outras propostas. Sempre abafaram meu sonho de transformar minha escola em um modelo para todo o país.

Infelizmente, professores e funcionários se fecharam em um grupo e ninguém fez oposição, ninguém quis mudar nada, ninguém quis progredir. Todos preferiram ficar no conforto da "mesmice" que viviam, e é isso o que transmitiam para os alunos: que ficassem quietos, que fossem conformados com o que era oferecido, que nada precisava mudar. Eram esses os exemplos passados, preparando alunos para ser a nova geração de alienados, que vão aprender a ser conformados com a situação desde pequenos.

Depois de um ano e meio de Diário de Classe, eu havia aprendido e visto que os recursos financeiros existiam. O que faltava era vontade, projetos e competência. Falar mal do governo, do estado, da Prefeitura era fácil, difícil era encontrar alguém realmente qualificado e motivado para fazer tudo mudar. Difícil era ter coragem para encarar as caras feias de quem acha que está muito bom do jeito medíocre que está e que não quer mudanças.

Para as pessoas que têm vontade de mudar, de melhorar as coisas, de evoluir, de criar novas condições, de formar uma geração transformadora, inovadora, ligada no futuro, que acreditam que uma educação melhor faz um país melhor, meu total apoio. Para os que ajudam na continuidade da mesmice, do conformismo, do conforto da situação, da próxima greve por migalhas e da mediocridade, meu total desprezo.

Diário de Classe
23 de novembro de 2013

Muitos me perguntam e cobram se minha escola não tem nada de bom, se tem professores bons, coisas da escola que eu goste. Claro que sim, gosto da maioria dos professores, da maioria das atividades que fazemos. Mas para mostrar isso, tem o Facebook da escola, a Secretaria de Educação também esta sempre

mostrando atividades em todas as escolas da rede, inclusive a minha, tanto no site como no Facebook.
Mostram o que é bom e bonito e fazem isso com extrema competência, muito bem mostrado, inclusive com lindas fotos.
O que eu faço é mostrar o que a direção ou a Secretaria da Educação "esquecem" de mostrar, ou talvez não queiram. As salas informatizadas são lindas nas fotos, crianças sentadas na frente do PC sorrindo, muito bonito. O que a foto não mostra é que a internet é horrível há anos e às vezes ficamos a aula toda esperando carregar uma única página. No refeitório, a foto da merenda com alunos lanchando sai bonita, pena que a foto não transmite o gosto. Crianças fazendo ginástica felizes é bonito de ver na foto, o difícil é ficar sem aula quando chove ou ver colegas passando mal com o sol na cabeça no verão, pois muitas escolas não têm quadra coberta, inclusive a minha não tem também, poderia ter protetor solar para quem não quer torrar fazendo ginástica no sol forte.
O que quero dizer é que lindas fotos mostram uma coisa para quem não vai à aula. Para quem frequenta diariamente, a realidade não é tão bonita assim. Antes de falarem que estou generalizando, quero deixar meus parabéns a todos os verdadeiros Professores, com "P" Maiúsculo, de Professor de verdade, que amam a profissão e se importam com seus alunos, sei que muitos fazem excelente trabalho, inclusive da minha escola, só não dou nomes, pois ficariam alguns de fora e poderiam querer me processar, assim como uma professorinha está fazendo, querendo ganhar um dinheirão fácil da minha família e até do Facebook, que também está sendo processado por ela.

A reeleição

Apesar de não ter oposição, a campanha de reeleição da diretora seguiu firme, com adesivos, panfletos, faixas pelo bairro, carros de som, sem falar na campanha feita pelos professores e funcionários. O discurso era que precisavam votar na diretora, senão poderia vir alguém diferente, que ninguém conhecia, para mudar as coisas. Já pensou que ruim?

Nas turmas dos menores, em vez de acontecerem aulas, as crianças faziam cartazes de apoio à diretora (para os pais votarem na "Tia Lize"), e os melhores eram premiados com a exposição nos corredores da escola. Será que os pais sabiam disso?

Mas eu não entendia: se tinha apenas uma candidata, para que tanta campanha, com gastos, inclusive? Além disso, todos já conheciam as obras da candidata e seu estilo de direção, não precisava de campanha para divulgar: escola sem manutenção, sem prestação de contas aprovada, mandato anterior terminado sem APP oficializada e por isso sem poder receber verbas públicas, sem competência para gerenciar os recursos, negociações sem notas fiscais, contratação de profissionais duvidosos, que eram pagos mas não prestavam serviço, sem interesse em resolver inúmeros problemas e ainda por cima sem projetos para a escola. Para os funcionários, entendo que tenha sido uma gestão maravilhosa, afinal todos tinham regalias e ninguém cobrava nada deles com mais firmeza.

Na minha escola, nunca teve nenhuma atividade aos sábados. Várias pessoas tentaram fazer o Escola Aberta no sábado, inclusive eu, mas nunca foi possível. Afinal, fim de semana é para descansar, como a direção explicava. Mas, por uma "coincidência", no sábado dia 30 de novembro, dia das eleições para diretor, aconteceram várias atividades, como campeonatos, jogos com professores, oficinas, lanche, etc. No final, claro, a escola Maria Tomázia Coelho reelegeu a diretora por mais três anos.

A formatura

No dia 13 de novembro, minha turma fez o passeio ao parque do Beto Carrero, e foi muito divertido. Um mês depois, no dia 13 de dezembro, a cerimônia de formatura do ensino fundamental aconteceu em um salão no Hotel Costão do Santinho, que sempre cedia espaço para as formaturas da minha escola.

Foi simples, mas para mim foi muito significativa. Estavam presentes pais, alunos e professores; entregaram um canudo para os alunos e algumas pessoas fizeram discurso. Apesar de tudo o que tinha acontecido, aquela escola sempre seria a *minha escola*, e eu ia levar para o resto da vida a experiência e o aprendizado que eu tive, tanto do que aconteceu lá dentro, nas aulas, nas classes, no pátio, quanto do que aconteceu pelo Diário de Classe, que, afinal, eu fiz por causa da escola. Eu sonhava em fazer dela uma escola-modelo, e ainda sonho que a educação no Brasil possa um dia se tornar modelo. Eu cresci naquela escola, passei lá os melhores anos da minha infância, aprendi muito em todos os sentidos, e isso ninguém esquece.

Diário de Classe
18 de dezembro de 2013

Sexta feira passada foi minha formatura do ensino fundamental. Tem muitas coisas que ficarei com saudades da minha escola, meus amigos que estão comigo há tanto tempo, de tantas brincadeiras nos corredores, das conversas no pátio, dos professores que me alfabetizaram e me ensinam muitas coisas, das merendas, até dos mingaus queimados. Nunca gostei de finais, sempre choro no final de um bom filme, no final de um bom livro, despedidas de amigos quando saem da escola, despedidas de parentes queridos quando têm que voltar pra casa, a morte de alguém querido, enfim, despedidas. Pela primeira vez irei estudar em uma nova escola, não sei ao certo onde será, mas com certeza será outra. Sei que não é o final, apenas o começo de um novo capítulo na minha vida, mas sempre terei carinho e saudades da minha primeira escola.

31 de dezembro de 2013

629.719
seguidores

CAPÍTULO 19

O ensino médio

No fim de 2013, eu e minha família conversamos muito sobre onde eu deveria fazer meu ensino médio, porque todos os alunos da minha turma teriam que ir para uma nova escola, já que lá onde eu estudava só tinha ensino fundamental.

A escola pública mais próxima da minha casa era a Escola Jovem de Canasvieiras (Escola Estadual Jacó Aderle), e era para onde a maioria dos alunos ia. Só que essa escola já era conhecida por ser muito fraca, era estadual, e os colégios estaduais estavam ainda piores que os municipais. A situação de infraestrutura era muito mais precária que a da minha escola no começo, os professores faltavam mais, algumas matérias nem tinham professor, a maioria das pessoas acabava caindo no turno da noite, e eu teria que voltar sozinha muito tarde.

Na verdade, aquela escola estava precisando de um Diário de Classe mesmo, e eu até gostaria de ir para lá, se fosse pensar só na escola, mas a situação era mais delicada. Eu pretendia (e pretendo) cursar uma boa universidade, porque acho que isso vai me ajudar a continuar o trabalho com a educação, com a ONG e com o Diário de Classe, e não apenas para uma escola específica, mas em um nível mais amplo, para todas as escolas. E eu sabia, pelo próprio exemplo da minha irmã, o quanto seria difícil entrar em uma universidade pública, que são as melhores no Brasil, tendo cursado um ensino médio fraco.

A primeira opção então era tentar entrar no Instituto Federal de Santa Catarina (IFSC), que é uma escola pública excelente, de ensino médio junto com ensino técnico, e muito concorrida. Tem um teste para entrar, uma espécie de vestibular, porque a procura é muito maior que o número de vagas. Fiz um curso preparatório durante vários meses à noite, como já comentei, para tentar ir bem na prova, mas infelizmente, não passei.

Meus pais propuseram, então, que eu fosse para uma escola particular. Eu teria um bom ensino médio para poder ir para uma faculdade pública. Ter uma boa base e estar bem-preparada seria mais útil para os meus planos no longo prazo, como eles disseram, e nós conversamos bastante. Eles tinham colocado minha irmã Duda em uma escola particular de ensino médio; ela tinha 50% de bolsa de estudos, e eles acharam que poderiam fazer o mesmo esforço para pagar uma escola para mim.

Meus planos para o futuro incluem continuar lutando pela educação. Sempre me perguntavam em entrevistas, eventos, reportagens e palestras qual curso eu queria fazer na faculdade, o que "eu queria ser quando crescer". Muita gente achava que eu ia ser professora, mas não. Eu quero fazer jornalismo e direito. Depois de tanto contato com tantos jornalistas, e de conhecer de perto o trabalho dessa profissão, cada vez mais tenho certeza de que quero ser jornalista, para mostrar os fatos, a verdade, investigar os acontecimentos, denunciar os problemas e contribuir com a sociedade. Muita gente já me falou que o trabalho com o Diário de Classe é um trabalho jornalístico, e é isso mesmo o que quero seguir. Mas quero também fazer direito. Eu quero conhecer as leis, o que pode, o que não pode, para me defender no jornalismo e saber os direitos e os deveres das pessoas.

Por tudo isso, resolvemos que eu iria para o Colégio Solução, que fica no centro de Floripa. Seria puxado, mas compensaria, porque, apesar de ser um dos mais baratos da cidade, o ensino é bom e já tem a preparação para o vestibular no programa. E para lá eu fui.

Diário de Classe
17 de fevereiro de 2014

Hoje começaram as aulas, foi meu primeiro dia na escola nova. É uma escola particular no centro de Florianópolis, eu acordo 5:10 pra pegar o ônibus as 5:54 e estar lá antes das 7:40. Chego em casa quase 14:00 e morrendo de fome. Foi só o primeiro dia e eu já percebi a diferença. Nessa escola tem porteiro, ar-condicionado, câmeras de vigilância e lousa digital em todas as salas, e o principal: todos os professores estavam presentes. Eu estou gostando, acho que na minha turma tem em torno de 35 alunos e é uma escola só de ensino médio, ainda não conheci a escola inteira, mas parece ser boa. Agora acabaram as férias e eu vou voltar a atualizar o Diário, não sei se todos os dias, pois me parece que este ano vai ser mais cansativo hehe. Boa noite pessoa!!

Estou bem no começo, mas estou gostando muito da minha nova escola. É tudo como eu sempre quis. É bem diferente, como eu disse; não tem os problemas que eu vivia na escola pública, e por isso é possível ficar mais focado em aprender mesmo.

Está bastante puxado, mas estou indo bem. Já consegui tirar em média nota 7 nas provas, e fiquei muito feliz por ter tirado 10 em redação! Tanto treino com o Diário, tanta gente me corrigindo, tantos eventos, tanta leitura e tanto contato com outras pessoas parece que me ajudaram.

Os colegas são muito legais, a maioria já me conhecia do Diário de Classe e, por causa disso, quando temos um trabalho que precisa de vídeo, eles me chamam, porque eu "já estou acostumada". Estou achando tudo isso ótimo!

Dia Internacional da Mulher

No dia 8 de março é comemorado o Dia Internacional da Mulher, e em 2014 o Google fez um *doodle*, que é aquela arte comemorativa que eles colocam no lugar da logo, com um vídeo de mulheres inspiradoras do mundo todo. Do Brasil, apareceram cinco mulheres, e eu fui uma delas. Fiquei feliz por eles terem achado que eu podia representar as mulheres do meu país.

Portal G1
http://goo.gl/WmH25A

Isadora Faber aparece em vídeo do Google do Dia Internacional da Mulher

Criadora do 'Diário de classe' foi convidada pela empresa para participar. 'Gostei bastante, acho que ficou legal', diz a estudante de 14 anos.

Isadora Faber aparece em google doodle em homenagem ao Dia Internacional da Mulher

Garota foi uma das personalidades escolhidas para estampar a página inicial do buscador

Diário Catarinense
http://goo.gl/7KExIf

Notícias do Dia
http://goo.gl/Krwy28

Isadora Faber aparece em Google Doodle do Dia Internacional da Mulher

Estudante de Florianópolis aparece em video com mulheres de várias nacionalidades

CAPÍTULO 20

O trabalho continua: a ONG Isadora Faber

No começo de 2013, quando o Diário de Classe tinha uns seis meses, fiquei pensando em tudo o que já tinha acontecido, toda a repercussão, todas as conquistas, e pensei também que dali a menos de um ano eu ia sair daquela escola. E achava que tudo não podia simplesmente passar, aquilo tinha que continuar de alguma maneira, eu estando na escola ou não. Eu tinha muitos e-mails e pedidos de ajuda que chegavam para outras escolas e outras pessoas. Já havia mais de 7 mil mensagens acumuladas com pedidos. Eu queria atender, queria transformar aquela força toda de mobilização em alguma coisa concreta e continuar a fazer algo pela educação de qualidade para os alunos de escolas públicas.

Então, quando fui a Recife, em fevereiro de 2013, no evento Papo de Universitário, conheci o Gil Giardelli, que é professor de inovação, palestrante e webativista, e que também ia falar lá no evento. Nos conhecemos no hotel, ele disse que já sabia do meu trabalho com o Diário e estava feliz de me conhecer pessoalmente, porque até falava de mim nas suas palestras.

Fomos juntos para o evento em uma van. Uma hora, ele abriu o computador e começou a me mostrar algumas fotos de uma viagem que ele tinha feito para Ilhéus e disse: "Tenho uma coisa para mostrar a você". Era um vídeo de um menininho índio tupinambá, que vivia no mangue catando caranguejo lá em Ilhéus (o vídeo pode ser visto aqui: <http://goo.gl/fmNwIb>). O menino não devia nem ir à escola. E o Gil me disse: "Está vendo esse menino? Seu trabalho chega até ele. Você representa esse menino também com seu Diário de Classe, você é porta-voz, e é uma esperança para ele".

Eu fiquei com aquilo na cabeça durante bastante tempo, porque queria ajudar também aquele menino, que nem escola tinha. Aí conversei com meus pais e vimos que uma maneira de chegar em muita gente poderia ser criando uma ONG (organização não governamental), para poder fazer as coisas de uma maneira organizada. Então, conversamos também com o Dr. Pedro de Queiroz, nosso advogado, e vimos que era possível.

Com a ONG poderíamos fazer muita coisa, desde cobrar, fiscalizar, denunciar, ver o que não estava sendo feito nas escolas, até provocar reformas, promover cursos profissionalizantes e ensinar sobre cidadania – que é um tema pouco discutido nas salas de aulas –, fazer "blitzes" nas escolas, com um carro com logotipo do Diário de Classe, entrar, fotografar, recolher denúncias e publicar, também promover aulas de reforço, etc. Ideias não faltavam.

O Dr. Pedro começou com todos os documentos para abrir a ONG. Demorou bastante tempo, mas no dia 20 de junho de 2013 ela foi oficialmente aberta. Ela se chama ONG Isadora Faber, e com ela vamos poder ampliar o trabalho do Diário de Classe. Somos sete fundadores, incluindo o Dr. Pedro e a Joice da Rosa, e é mantida por doações. O site é:

www.ongisadorafaber.org.br

Quando falamos da ONG, vários canais de imprensa deram a notícia:

Revista Veja
http://goo.gl/IGR82R

Educação

29/08/2013 - 16:45 COMPARTILHAR IMPRIMIR

Escola pública

Criadora da página "Diário de Classe" vai abrir ONG

Estudante Isadora Faber, de 14 anos, ganhou notoriedade ao revelar no Facebook problemas de sua escola

Jornal O Estado de S.Paulo
http://goo.gl/IWcnRT

Menina do Diário de Classe vai abrir ONG

Após expor falhas de sua escola no Facebook, Isadora Faber quer ajudar outros estudantes
24 de agosto de 2013 | 17h 46

Jornal Diário Catarinense
http://goo.gl/cy8Rmt

Educação 31/08/2013 | 12h24

Criadora da página Diário de Classe lança ONG em Florianópolis

A estudante Isadora tem a intenção de promover melhorias em escolas de todo o país

Jornal O Globo
http://goo.gl/qV1W3y

Isadora Faber lança ONG para reunir iniciativas ligadas à educação

· Entidade contará com voluntários de todo o país em torno de projetos que vão da realização de cursos a intervenções em escolas

Portal UOL
http://goo.gl/am2USS

Isadora Faber lança ONG para 'vigiar todas as escolas do Brasil'

Renan Antunes de Oliveira
Do UOL, em Florianópolis 30/08/2013 20h38

Portal Terra
http://goo.gl/nvVnY

27 de maio de 2013 • 07h23 • atualizado às 10h05

Isadora Faber vai lançar ONG em junho para ajudar escolas

A menina que ficou conhecida em todo o País com o Diário de Classe quer ajudar a melhorar a estrutura das escolas com o trabalho de uma ONG

Portal Administradores
http://goo.gl/gFLw6m

Isadora Faber lança ONG para apoiar escolas
Criadora da fanpage Diário de Classe está convocando apoiadores e voluntários

Isadora Faber anuncia criação de ONG para ajudar alunos e escolas
Postado por Bárbara Cardozo em 28 de maio de 2013 Blog

Blog do ENEM
http://goo.gl/hk9AvR

Os principais objetivos da ONG

O site da ONG tem muitas informações, mas os objetivos ficaram assim:

- Realizar projetos educacionais.
- Organizar minicursos com profissionais para alunos no contraturno. Exemplo: vídeos, fotografias, primeiros socorros, campanhas antidrogas, internet como ferramenta de pesquisa.
- Criar cursos de atualização e aperfeiçoamento para professores com especialistas da área.
- Organizar palestras tanto para alunos como para professores, pais, diretores, etc.
- Distribuir premiações para os melhores alunos, divulgar sites e bibliotecas virtuais.
- Angariar fundos através de doações para as escolas de rede pública. Servir de canal de recebimento de computadores, notebooks, tablets, projetores e outros equipamentos e materiais que possam ser úteis no processo pedagógico.
- Criar, equipar e modernizar salas de informática.
- Prestar assistência aos mais carentes.
- Visitar escolas carentes ou em más condições e encontrar soluções viáveis para cada caso.
- Proporcionar a inclusão digital às comunidades escolares carentes, dando acesso à informação e ao conhecimento.

Projeto Aluno Nota 10

O primeiro projeto da ONG que está sendo realizado chama-se Aluno Nota 10. Foi inspirado por um projeto que já acontece na Bahia, feito por um senhor chamado Luciano Martinho Barreto, que é dono de uma padaria (Casa do Pão) em uma cidade pequena chamada Morro do Chapéu. Ele percebeu que os alunos da escola, que ficava ao lado da padaria, iam sempre lá. Então teve a ideia de incentivar aquelas crianças e aqueles jovens a estudar mais: disse a eles que o melhor aluno do colégio ia ganhar um computador no fim do ano. A notícia se espalhou, e, como prometido, no final do ano o Luciano premiou o melhor aluno.

E essa iniciativa deu muito certo. Ele observou, conversando com os professores, que as notas de todos os alunos melhoraram. Eles se esforçaram para ir melhor na escola porque tinham um incentivo, e ganharam uma coisa que os ajudaria depois também. O projeto se espalhou por mais de sessenta cidades da Bahia, com outras pessoas fazendo o mesmo, e deu muito resultado, porque os alunos começaram a entender que estudar traz coisas boas, é importante. O Luciano já faz isso há sete anos, e o aproveitamento escolar dos estudantes está sempre aumentando.

Resolvemos então fazer o mesmo pela ONG Isadora Faber, porque achamos que, se os alunos cumprirem seus deveres bem, poderão cobrar seus direitos. A ideia é promover o Aluno Nota 10 em Florianópolis primeiro, e depois estender para todo o estado de Santa Catarina. O projeto inclui todas as escolas estaduais e municipais, e a premiação envolve os alunos do ensino fundamental e do ensino médio. O objetivo é premiar os melhores alunos das escolas, aqueles que alcançarem as metas do projeto durante o ano letivo.

- 4º ao 6º ano da rede pública
- 7º ao 9º ano (ensino regular e fundamental/E.J.A.) – rede pública

- Ensino médio (regular e E.J.A.) – rede pública

Os alunos classificados entre os dez primeiros têm as notas avaliadas pela comissão da ONG Isadora Faber. Há a soma das médias finais, e o resultado é dividido pela quantidade de disciplinas que o aluno cursa (supermédia). Em caso de empate entre os alunos, os critérios de desempate são:

- Menor número de faltas.
- Maior quantidade de notas 10 obtidas ao longo do ano, em todas as matérias.
- Melhor desempenho em Língua Portuguesa.
- Melhor desempenho em Matemática.
- Melhor desempenho em Ciências.
- Sorteio.

As premiações são:

Do 4º ao 6º ano do ensino fundamental

- 1º lugar: 1 vídeo game + troféu
- 2º lugar: 1 celular + troféu
- 3º lugar: 1 bicicleta + troféu
- Alunos da 4ª à 10ª colocação: 1 kit escolar + troféu

Do 7º ao 9º ano do ensino fundamental

- 1º lugar: 1 notebook + troféu
- 2º lugar: 1 tablet + troféu
- 3º lugar: 1 celular + troféu
- Alunos da 4ª à 10ª colocação: 1 kit escolar + troféu

Ensino médio

- 1º lugar: 1 notebook + troféu
- 2º lugar: 1 tablet + troféu
- 3º lugar: 1 celular + troféu
- Alunos da 4ª à 10ª colocação: 1 kit escolar + troféu

Aluno da terceira idade: o aluno da terceira idade (acima de 40 anos) que tiver a melhor classificação (pontuação) e que for aprovado no ano ganha uma TV de tela plana + troféu.

Uma poupança de R$ 2.000,00 vai para o Aluno Nota 10 de Florianópolis (o melhor desempenho em nota envolvendo todas as categorias).

Prêmios para as escolas:
Escola pública com maior índice de aprovação: 1 kit de material esportivo + troféu.

Escola pública com menor índice de evasão escolar: 1 kit de material esportivo + troféu.

Escola pública com melhor desempenho no IDEB: 2 troféus, um para o corpo administrativo e outro para o docente.

Outras premiações:

- Troféu para o melhor aluno de cada escola.
- Troféu para a escola do melhor Aluno Nota 10.
- Troféu para o melhor Aluno Nota 10.
- Troféu para todas as empresas apoiadoras do projeto.

Quem quiser se oferecer como voluntário da ONG será muito bem recebido. No site há informações sobre como você pode ajudar. E, se quiser saber mais sobre os projetos, é só escrever para nós.

CAPÍTULO 21

Vamos mudar a educação no Brasil

A educação no Brasil precisa mudar. Não estou falando só da pública, mas sim da educação como um todo. No Diário de Classe, postei sobre vários assuntos que nem foram falados aqui, senão este livro ficaria muito grande. Mas eu mostrei e falei sobre agressões e violências que vários professores sofrem na sala de aula, sobre alunos que atacam colegas com armas, funcionários e educadores que destroem o patrimônio e geram terror na escola, sobre a falta de respeito dos alunos, sobre denúncias de hospitais e de outras escolas inspiradas no Diário de Classe, sobre outros Diários de Classe que surgiram, sobre os gastos desproporcionais do governo com a Copa do Mundo e com as Olimpíadas, sobre tecnologia na escola, sobre política, corrupção, desvio de verbas, falta de merendas, uniformes, material escolar, professores e até de tetos, carteiras e paredes nas escolas do Brasil afora. Falei também sobre educação de qualidade em outros países e sobre como podemos ter uma escola melhor aqui.

Mas não é novidade que existem muitos problemas na educação, dentro e fora das escolas. As dificuldades das escolas públicas são as piores, eu acho. Mas o grande problema da educação não é a falta de dinheiro, de verbas, como podemos pensar. O Brasil é um país rico. Existe verba para a educação. O que falta são pessoas preparadas para lidar com essa verba, para usá-la bem, para investir em melhorias, em projetos, sem corrupção, com a valorização e o aperfeiçoamento dos professores. E, principalmente, faltam pessoas com vontade e coragem de fazer as coisas acontecerem, e fazer direito. Parece que o que mais existe são pessoas que acham que está bom do jeito que está, que assim já é conhecido, seguro, confortável, que é melhor encobrir os problemas e os defeitos para não precisar mudar, que as coisas sempre foram assim e devem continuar sendo.

Mas o que essas pessoas esquecem é que educação não é brincadeira. Não dá para ficar como está. É um assunto muito sério mesmo. Sabe por quê? Porque as pessoas, os profissionais, os trabalhadores, os cidadãos do futuro são os alunos que estão sendo formados hoje. Se eles não sabem ler direito, se não sabem escrever direito, se não sabem pensar direito, essa será a população daqui a alguns anos. Já pensou? Não adianta o Brasil ser rico e ter pessoas sem preparo, sem cultura, sem opinião própria, que não sabem que estão sendo manipuladas, sem educação. É como diz aquela música da Legião Urbana: "Somos o futuro da nação".

Nós não podemos ficar esperando as coisas mudarem. Elas não vão mudar se não fizermos nada. É claro que as pessoas podem votar em políticos melhores nas eleições, mas só isso não vai adiantar. Nós precisamos lutar pelos nossos direitos; todo mundo que trabalha paga impostos, e esse dinheiro precisa ser bem usado. E, como eu já disse, todo mundo tem direito a uma educação de qualidade.

Eu criei uma simples página no Facebook, algo que qualquer um poderia fazer, e só mostrei o que estava acontecendo. Olha o barulho que fez! Se as pessoas ficam sabendo dos absurdos que acontecem, elas também podem se indignar. Mas, se elas não sabem, vão achar que está tudo bem. Alguém precisa mostrar, e podemos ser eu e você. Mas se continuarmos parados olhando o tempo passar, não deixaremos nem uma semente plantada para que, mais pra frente, ela faça toda a diferença. Se nós não fizermos agora, quem fará? E, certamente, o que nós fizermos de bom agora um dia vai ter resultado.

Depois do Diário de Classe, eu conheci muitas pessoas que realmente se importam com a educação. Já participei de muitos eventos com palestrantes que falam sobre isso e também estão preocupados com a precariedade do ensino público. E, mesmo sendo um assunto sério, fico feliz, pelo menos, por saber que tantas pessoas também querem ver a educação mudar.

E é só com muitas pessoas que teremos força. Sem a ajuda de todos os seguidores do Diário de Classe, nada disso teria acontecido. Não é fácil fazer diferente de todo mundo – você leu sobre tudo o que eu passei. Mas cada comentário de incentivo me fazia sentir mais forte e me dava a certeza de que eu não estava sozinha nessa grande luta pela educação pública de qualidade. Muita gente me pergunta por que será que tantas pessoas me apoiaram. Eu não sei direito, cada um pensa de um jeito, mas acredito que a grande maioria foi porque viu que eu estava falando a verdade, e isso é algo que muitos queriam fazer e não tinham conseguido, ou nem tinham tentado, por medo, o que é comum. Mas é justamente por ter muita gente sabendo, falando e comentando que deu certo.

A educação do futuro

Um dia, vendo algumas coisas do meu pai em casa, achei um caderno dos tempos de escola dele. Folheei e tive a impressão de que eu estava vendo um caderno de um colega meu de hoje, era muito parecido. Em alguns casos, até os exemplos eram os mesmos de hoje. Quando ele era criança, a TV ainda era em preto e branco, não existia celular, nem wi-fi, o disco era de vinil, as coisas eram escritas em máquina de escrever, não existia computador e muito menos internet.

Estamos em pleno século XXI, temos muita tecnologia, tudo evoluiu. Fico pensando: tanta coisa mudou, o mundo hoje é tão diferente de antes, como a educação continua a mesma? Só a escola não mudou? Se o mundo evolui, a educação tem que evoluir também, temos que ter uma educação moderna, condizente com tudo o que existe. Concordo com o Gilberto Dimenstein quando ele fala: "Essa experiência [da Isadora] apenas reforça o que os educadores mais arejados já sabem: a escola como a conhecemos (professor dando aula, despejando conteúdo e aluno ouvindo) morreu".

As redes sociais, a internet, o celular, o computador, o conhecimento todo disponível, os recursos da tecnologia não podem mais ficar de fora do dia a dia da escola. Se eles fazem parte da vida de crianças e jovens, precisam fazer parte da vida escolar. E os professores, diretores e profissionais da educação precisam aprender a lidar com isso, tanto na escola pública quanto na escola privada.

Nós, jovens, vivemos a vida dentro e fora da internet como se fosse uma só. Uma coisa é continuação da outra, não tem diferença. A educação precisa mudar para que os estudantes gostem dela, para que ela seja prazerosa, para realmente formar a nova geração que vai continuar. Mas, com toda essa tecnologia que temos em nossas mãos, fica muito mais fácil revolucionar. Como meus pais falam, "estamos com a faca e o queijo na mão, agora é só cortar". Só que os educadores precisam abrir a cabeça e, em vez de só ensinar, também precisam aprender tudo isso.

Existe uma frase muito inspiradora para mim (infelizmente não sei de quem é): "Todos vamos morrer. A questão não é durar para sempre, e sim fazer algo que dure para sempre". Então, pessoal, vamos começar a mudar a educação do Brasil para muito melhor. Isso tem que acontecer rápido. Mas sozinhos não temos força, não temos voz. Por isso, vamos nos juntar e transformar essa péssima educação brasileira em uma educação modelo para o mundo. Não seria o máximo?

O que eu fiz você pode fazer, seu amigo pode fazer, qualquer um pode fazer. É algo pequeno, mas pode tomar grandes proporções, porque a verdade tem que ser dita, a realidade tem que ser mostrada. Eu admito que já parei para pensar se tudo isso realmente valia a pena. Também pensei e me perguntei se eu ainda tinha dúvidas de que tentar fazer o bem para todos valia a pena. E, para quem não entendeu ainda, eu respondo: SIM, vale muito a pena. Então, vamos buscar uma educação de qualidade para o Brasil.

Não dê ouvidos para quem diz que isso é um sonho. Acredite, e isso será a realidade.

APÊNDICE

Dicas para criar seu Diário de Classe

Como eu já mencionei, surgiram dezenas de Diários de Classe no Facebook inspirados no meu (mais de 150). Fico muito feliz por isso, mas fico mais feliz ainda por saber que existem jovens que também querem mostrar os problemas das suas escolas e assim conseguir melhorias. O lado ruim é saber que a maioria também já sofreu represálias como eu, mas eu sei que conseguiram resultado. Vi até um Diário de um Posto de Saúde que uma médica fez para mostrar os problemas de lá. Ela falava que não tinha medo de ser demitida porque sabia que estava fazendo o que é certo.

Alguns Diários de Classe são bem ativos e têm muitos seguidores, outros têm menos gente, mas estão funcionando muito bem, e outros já desistiram. Não vou colocar aqui os nomes, para não deixar ninguém de fora, mas é possível pesquisar no Facebook por "Diário de Classe" para ver todos os que foram criados. São muitos mesmo, e não caberiam todos aqui. Existe também uma página chamada Encontro de Diários, em que os donos dos Diários trocam ideias: <www.facebook.com/encontrodediarios>.

Se você quiser entrar no grupo fechado de Diários de Classe, me mande uma mensagem que eu o adicionarei. Mas vou dar aqui algumas dicas rápidas para quem pensa em fazer seu Diário de Classe ou para quem já fez, mas quer saber mais.

Dicas para seu Diário de Classe

Peça ajuda aos pais

Se você é menor de idade, peça para seus pais verificarem se você não está cometendo alguma atitude errada ou que possa prejudicar alguém diretamente.

Fotos e vídeos

Coloque fotos e vídeos para provar o que está sendo falado. Denúncias sem provas não têm efeito.

Quantidade de posts

É bom ir postando o material aos poucos, e não tudo de uma vez, para não ficar chato.

APP

Cada escola pública tem direito a verbas do município, mas a escola só pode obter esse dinheiro se tiver uma APP (Associação de Pais e Professores). Se a sua escola não tem APP, essa já é uma primeira coisa a ser cobrada da direção.

Pesquise e leia

Informe-se, pesquise, leia, pergunte sobre sua escola, seus direitos. Os sites do governo e dos serviços públicos são muito úteis. Se você tiver acesso a especialistas, consulte-os, principalmente advogados.

Seja sério e justo

Não adianta brincar de fazer Diário de Classe. Se você não tem denúncias concretas a fazer, não faça. Não abra uma página para xingar ou trocar ofensas em público. Isso não leva a nada. Cuidado com a linguagem. Se sua causa for justa, se for verdade o que você está mostrando, as coisas acontecerão para a melhora desejada.

Escreva corretamente

Procure não cometer muitos erros de escrita. Escreva no Word e depois passe o corretor, ou peça para alguém revisar. Se você quer as coisas direito, procure fazer direito.

Cuidado com pessoas em fotos e vídeos

As pessoas têm direito à privacidade. Procure mostrar uma situação ou um lugar sem identificar pessoas. Se elas aparecerem, peça autorização, por escrito, para publicar. Tudo bem se as pessoas saírem de costas, ou desfocadas, o importante é que não possam ser identificadas. O mesmo vale para textos. Cuidado com textos negativos, pode gerar processos.

Cuidado com os direitos autorais

Não publique uma foto, uma imagem ou um vídeo sem dizer de quem é, ou até pedir autorização. Não compartilhe sem dizer de quem é.

Cuidado com a fama

Se sua página ganhar repercussão, não deixe sua "fama" subir à cabeça. Isso pode pôr tudo a perder. Lembre-se de seu objetivo ao criar a página e fique focado nele.

Dê direito de resposta

Se você está denunciando alguma pessoa, dê direito de resposta a ela no seu Diário de Classe. Ela tem o direito de se explicar. Se é para melhorar, valem todas as versões de uma história.

Direito de cobrar seus direitos

Não tenha vergonha de cobrar seus direitos. É um direito nosso cobrar qualidade na educação pública e em outros serviços. Mesmo que você não estude em escola pública ou não tenha filhos que estudem em uma, você paga impostos, ou seus pais pagam. Então, você tem todo o direito de ir até a direção da escola da sua cidade e pedir para dar uma olhada nas prestações de conta. Eles têm o dever de mostrar, pois você é um cidadão, e os cidadãos pagam para a manutenção da boa qualidade da escola pública.

Este livro foi composto com tipografia Electra e impresso
em papel Pólen Soft 80 g/m² na Gráfica EGB.